ROM...

AUF DEM DORFE

GOTTFRIED KELLER (1819-1890) *wurde in Zürich als
Sohn eines Drechslermeisters geboren. Unklar über seine
Interessen, wandte er sich der Malerei zu, der er sich
jahrelang widmete. Mit 21 Jahren übersiedelte er zum
Studium der Malerei nach München. Er geriet in der
Folge in finanzielle Not und musste 1842 in seine Heimat zurückkehren. Dort widmete er sich den innenpoli-
tischen Kämpfen der Schweiz und lenkte durch poli-
tisch-freiheitliche Gedichte die Aufmerksamkeit auf
sich. Er gab nun die Malerei endgültig auf, verließ auch
seine Vaterstadt und ging mit einem Stipendium der
Kantonsregierung auf die Universität nach Heidelberg,
wo er als Hörer des Philosophen Feuerbach religiös ein
Radikaler wurde. Nach einem unglücklichen Liebes-
erlebnis übersiedelte Keller 1850 nach Berlin, wo er in
großer Einsamkeit lebte. Er arbeitete an seinem auto-
biographischen Roman* DER GRÜNE HEINRICH, *dessen
Manuskript ihm der Verleger Vieweg abnahm. Damit
war der Weg für sein Dichten frei.*
*1855 kehrte Keller nach Zürich zurück, wo er 1861 Erster
Staatsschreiber seiner Heimatstadt wurde. In dieser verant-
wortungsvollen Beamtenstellung blieb Keller fünfzehn
Jahre lang und erst nach dieser Unterbrechung widmete er
sich wieder der Dichtung.* DIE SIEBEN LEGENDEN *wurden
1872 veröffentlicht, 1874 erschienen die zwei Bände der*
LEUTE VON SELDWYLA, *1877* DIE ZÜRCHER
NOVELLEN, *1881 der Novellenzyklus* DAS SINNGEDICHT,
1886 der politische Zeitroman MARTIN SALANDER.

La Spiga languages

Keller beschreibt das Bürgertum in klarer Echtheit; er beschreibt Zustände, Szenen und Landschaften seiner Schweizer Heimat. ROMEO UND JULIA AUF DEM DORFE ist die zweite der Novellen aus den LEUTEN VON SELDWYLA, die sich durch ihre tragische Tiefe von den anderen Erzählungen abhebt und seine dichterische Kraft zeigt.

TEXT, FUßNOTEN UND ÜBUNGEN KARIN LAVIAT
UMSCHLAG JOHANN KLEBER
EDITING MONIKA KOPETZKY

Die zwei Bauern

Am Fuß eines schönen Berges liegt ein Dorf, in dem es viele Bauernhöfe gibt. Das Dorf liegt auf einer Anhöhe und ist von mehreren langen Äckern umgeben. An einem sonnigen Septembermorgen pflügten zwei Bauern die Äcker, die am Rand des Dorfes lagen. Der mittlere Acker schien schon seit mehreren Jahren brach[1] und wüst zu liegen, denn er war mit hohem Unkraut und mit Steinen bedeckt. Die zwei Bauern, die hinter ihrem Pflug gingen, waren knochige Männer und ungefähr vierzig Jahre alt. Sie trugen kurze Kniehosen aus Leinen.

Die zwei Männer hatten den Pflug fest in ihren Händen und schauten ruhig und aufmerksam vor sich hin. Sie waren ganz auf ihre Arbeit konzentriert und nur manchmal schauten sie sich um, wenn ein fernes Geräusch die Stille des Landes unterbrach. Langsam setzten sie einen Fuß um den anderen vorwärts und keiner sagte ein Wort, außer wenn einer dem Knecht, der die Pferde antrieb, eine Anweisung gab.

In einiger Entfernung glichen die zwei Bauern einander vollkommen und man konnte sie nur an einer Besonderheit ihrer Mützen[2] unterscheiden. Einer trug den Zipfel seiner Mütze nach vorne, der andere im Nacken. Wenn die beiden Bauern oben am Hügel zusammentrafen, dann wurde dem, der gegen den Ostwind ging, die Zipfelmütze nach hinten geweht. Dem anderen, der den Wind im Rücken hatte, wurde sie hingegen nach vorn geweht. So pflügten sie konzentriert in der ruhigen Septembergegend und ihre Bewegungen waren schön anzusehen.

Wenn sie in ihren Furchen einen Stein fanden, dann warfen sie ihn mit einem kräftigen Schwung in den mittleren, wüsten Acker.

1 **brach:** *unbebaut*
2 **e Mütze:** *e Kappe*

So war es schon fast Mittagszeit, als vom Dorf her ein kleines Fuhrwerk[1] näher kam. Es war ein grüner Kinderwagen, den ein Junge und ein Mädchen zog. Es waren die Kinder der beiden Bauern, die ihren Vätern den Vormittagsimbiss brachten. Für jeden der Bauern lag da ein Brot, das in eine Serviette eingewickelt war. Auch eine Kanne Wein mit Gläsern brachten die Kinder und andere Dinge, wie zum Beispiel ein paar Äpfel und Birnen. Die hatten die Kinder auf dem Weg vom Boden aufgehoben. Zwischen den Broten saß eine nackte Puppe mit nur einem Bein und einem schmutzigen Gesicht. Sie fuhr gemütlich im Wagen mit.

Dieses Fuhrwerk hielt nach manchem Aufenthalt[2] endlich auf der Höhe im Schatten eines Lindengebüsches. Nun konnte man die beiden Kinder besser sehen. Der Junge war sieben und das Mädchen fünf Jahre alt. Beide waren gesund und munter und hatten schöne Augen. Das Mädchen hatte eine bräunliche Gesichtsfarbe und krause[3] dunkle Haare.

Der verlassene Acker

Auch die zwei Bauern waren in der Zwischenzeit wieder am Hügel oben angekommen und ließen ihre Pflüge stehen. Erst jetzt begrüßten sich die Bauern, denn bis zu diesem Moment hatten sie noch nichts miteinander gesprochen.

Zufrieden aßen sie und schauten dabei zum Städtchen Seldwyl, das mitten in den Bergen liegt. Man sah den Rauch aus den Küchen, der über den Dächern lag. Die Seldwyler kochten nämlich jeden Tag ein köstliches Mittagessen.

„Die Seldwyler kochen wieder gut!", sagte Manz, einer der Bauern. „Gestern war einer vom Bezirksrat bei

1 s Fuhrwerk: *r Wagen*
2 r Aufenthalt: *e Pause*
3 kraus: *lockig*

mir, du weißt ja, wegen des Ackers!", erwiderte Marti, der andere. „Bei mir ist er auch gewesen. Ich soll den Acker bebauen und den Herren die Pacht[1] zahlen", entgegnete Manz. „Ja, bis sie entschieden hätten, wem der Acker gehöre. Ich sagte ihnen jedoch, sie sollten den Acker nur verkaufen und warten bis sie einen Eigentümer[2] gefunden hätten. Aber das wird wohl nie geschehen, denn es ist eine schwierige Sache!", sagte Marti. „Ja, die Lumpen[3] möchten nur gerne den Pachtzins einstecken und daran verdienen!", entgegnete Manz. Die zwei sagten eine Weile kein Wort. Nach ein paar Minuten begann Manz wieder: „Es ist wirklich schade, dass der gute Boden so brach liegen muss. Das geht jetzt schon zwanzig Jahre so und niemand fragt danach. Hier im Dorf ist niemand, der einen Anspruch[4] auf den Acker hat! Niemand weiß, wo die Kinder des Trompeters hingekommen sind!"

„Ja, wenn ich mir den Geiger anschaue, der einmal hier und dort ist, dann bin ich mir fast sicher, dass er ein Enkel des Trompeters ist! Natürlich weiß er nicht, dass er einen Acker hat!", entgegnete Marti. „Aber sicher ist es nicht, also können wir nichts sagen!", sagte Manz. „Ja, wir wissen nicht, ob er der Enkel des Trompeters ist. Wir haben schon genug zu tun, ihm das Heimatrecht abzustreiten. Er soll bleiben, wo er ist und den Narren[5] seine Lieder geigen! Wir sind schon übervölkert im Dorf und brauchen bald zwei Lehrer für unsere Kinder!", erwiderte Marti.

Die zwei Bauern beendeten ihre Mahlzeit und das Gespräch und setzten ihre Arbeit fort. 🎧

---

1 e Pacht: *e Miete*
2 r Eigentümer: *r Besitzer*
3 r Lump: *r Gauner*
4 r Anspruch: *s Recht*
5 r Narr: *r Dummkopf*

Die zwei Kinder

Die zwei Kinder machten sich ebenso auf den Weg und zogen ihr kleines Fuhrwerk in den wilden Acker hinein. Mit seinen Steinen und seinem Unkraut war er für sie besonders interessant. Hand in Hand wanderten sie einige Zeit im Acker hin und her und setzten sich dann in den Schatten einer Distelstaude.

Das Mädchen begann mit seiner Puppe zu spielen und machte ihr aus den Blättern einen schönen grünen Rock. Es nahm eine rote Mohnblume, die da einsam blühte und setzte sie ihr als Mütze auf den Kopf. Dann setzte das Mädchen seine Puppe auf die Distel hinauf und die Kinder schauten sie eine Weile an. Dann nahm der Junge einen Stein und warf sie damit herunter. Durch den Sturz kam aber das Kleid der Puppe in Unordnung und das Mädchen wollte sie wieder neu anziehen. In diesem Moment nahm der Junge seiner Freundin die Puppe weg und warf sie öfters hoch in die Luft. Vergeblich versuchte das Mädchen dem Jungen ihre Puppe wegzunehmen, aber es gelang ihm nicht. Durch dieses Spiel wurde die Puppe beschädigt[1] und bekam am Knie ihres einzigen Beines ein Loch, das der Junge mit seinen Fingern immer größer machte. „Schau mal!", rief er und warf die Puppe auf den Boden. Das Mädchen warf sich weinend über ihre Puppe. Dem Jungen tat es nun ein bisschen Leid, dass er die Puppe so beschädigt hatte. Das Mädchen schlug seinen Freund nun mit der Puppe, so dass am Ende nur noch der Kopf übrig blieb. Nun fing der Junge plötzlich eine Fliege und sperrte sie in ihren Kopf hinein. Das Loch verstopften sie mit Gras und danach setzten sie den Kopf auf einen Stein. Das wirkte nun sehr makaber und sie beschlossen, den Kopf zu begraben. Das Spiel wurde ihnen jedoch langsam unheimlich und so entfernten sie sich von diesem Platz. Sie legten sich in die Sonne,

1 beschädigt: *demoliert*

sprachen über dieses und jenes und schließlich schliefen sie in der Sonne ein.

Der Anfang des Unglücks

Die Väter hatten in der Zwischenzeit die Äcker fertig gepflügt. Als Martis Knecht halten wollte, rief sein Meister: „Kehr noch einmal um!" „Aber wir sind ja schon fertig!", entgegnete der Knecht. „Tu, was ich dir sage!", antwortete der Bauer Marti. Sie kehrten also um und rissen eine tiefe Furche in den mittleren Acker, so dass die Steine und das Kraut in die Luft flogen. Der Bauer begnügte sich damit und ging wieder auf die Anhöhe hinauf. Der andere Bauer machte nun dasselbe und riss ebenfalls eine tiefe Furche in den Acker. Jeder sah, was der andere machte, aber keiner schien es zu bemerken.

Es waren inzwischen einige Jahre vergangen und die Kinder wurden immer größer und schöner. Der herrenlose[1] Acker jedoch wurde immer schmäler zwischen den zwei Nachbarn. Bei jedem Pflügen nämlich verlor er links und rechts eine Furche, ohne dass die Bauern darüber gesprochen hätten. Niemand sah, was die Bauern machten. Die Steine wurden immer mehr zusammengedrängt und bildeten schon ein hohes Grat[2] auf der ganzen Länge des Ackers. Obwohl die Kinder schon gewachsen waren, konnten sie sich nicht mehr sehen, wenn sie auf den Äckern ihrer Väter waren.

Bei der jährlichen Ernte gingen nun der zehnjährige Salomon, der Sali genannt wurde, und Vrenchen nicht mehr zusammen auf den Acker. Sali ging schon mit den größeren Burschen und den Männern und Vrenchen mit den Frauen. Trotzdem nahmen sie bei jeder Ernte die Gelegenheit wahr, den mittleren Steinkamm zu

1 **herrenlos:** *ohne Besitzer*
2 **s Grat:** *r Rücken*

besteigen und sich gegenseitig herunterzustoßen. Auch wenn die Kinder gewöhnlich[1] nicht mehr miteinander spielten, wiederholte sich diese Zeremonie jedes Jahr.

Der Acker sollte nun endlich verkauft werden und der Erlös[2] in der Zwischenzeit amtlich aufgehoben werden. Die Versteigerung fand an Ort und Stelle statt, wo sich nur einige neugierige Leute versammelten. Außer Marti und Manz hatte niemand Lust, dieses seltsame Stück Acker zu kaufen und zwischen den zwei Nachbarn zu bebauen. Obwohl sie zu den besten Bauern des Dorfes gehörten und nichts getan hatten, was nicht zwei Drittel unter diesen Umständen[3] getan hätten, so sah man sie jetzt trotzdem dafür schief an und niemand wollte zwischen ihnen eingeklemmt sein. Manz und Marti waren also die Einzigen, die sich ernstlich für den Acker interessierten.

Der Streit

Nach einem ziemlich hartnäckigen Überbieten erstand der Bauer Manz den Acker. Die Beamten und die neugierigen Leute gingen langsam wieder; nur die zwei Bauern blieben noch und arbeiteten ein wenig im Acker. Beim Heimgehen trafen sie wieder zusammen und Marti sagte: „Du wirst wohl nun dein Land, das neue und das alte, zusammenlegen und in zwei gleich große Stücke teilen? Ich hätte es so gemacht, hätte ich den Acker bekommen!" „Ich werde es auch so machen, denn als ein Acker wäre mir das Stück zu groß. Doch was ich noch sagen wollte: Ich habe gesehen, dass du kürzlich mit deinem Pflug schräg in meinen Acker hineingefahren bist. Dadurch ist jetzt ein gutes Dreieck abgeschnitten. Sicherlich hast du es getan, weil du überzeugt warst, das Stück zu ersteigern. Da es nun aber mir

1 gewöhnlich: *normalerweise*
2 r Erlös: *r Gewinn*
3 r Umstand: *e Situation*

gehört, wirst du wohl einsehen, dass ich eine solche Einkrümmung nicht brauchen kann. Du wirst sicher nichts dagegen haben, wenn ich den Strich wieder gerade mache! Das wird doch kein Grund für einen Streit sein!"

Marti antwortete ebenso kalt, wie Manz das Gespräch begonnen hatte: „Ich sehe auch nicht, warum wir streiten sollen. Du hast ja den Acker vor einer Stunde so gekauft, wie er da ist und er hat sich seitdem ja nicht verändert!"

„Larifari[1]!", sagte Manz. „Was früher geschehen ist, darüber wollen wir jetzt nicht sprechen. Alles muss aber gerade sein, denn die drei Äcker sind immer gerade nebeneinander gelegen. Wenn du nun so einen Schnörkel[2] dazwischenbringen willst, dann ist das sehr unvernünftig von dir! Wir würden beide einen Spitznamen bekommen, wenn der krumme Zipfel da bleiben würde. Er muss unbedingt weg!"

Marti sagte lachend: „Du hast ja plötzlich eine merkwürdige Angst vor dem Gerede der Leute! Wenn dich das Krumme aber stört, dann machen wir es gerade. Nicht jedoch auf meiner Seite und wenn du willst, dann gebe ich dir das auch schriftlich!"

„Rede nicht so dumm", sagte Manz. „Wir machen es gerade, aber auf deiner Seite, darauf kannst du Gift nehmen[3]!" „Das werden wir ja noch sehen!", entgegnete ihm Marti.

Beide Männer gingen auseinander und schauten sich nicht weiter an. Vielmehr blickten[4] beide in verschiedene Richtungen.

---

1 s Larifari: *r Blödsinn*
2 r Schnörkel: *e Verzierung*
3 Darauf kannst du Gift nehmen!: *Da kannst du sicher sein!*
4 blicken: *schauen*

Die Steine

Am nächsten Tag schon schickte Manz einen Dienstjungen, ein Dienstmädchen und seinen elfjährigen Sohn Sali auf den Acker, um das Unkraut auszureißen und es auf einen Haufen zu bringen. Auf diese Weise konnte der Bauer bequemer die vielen Steine wegfahren. Manz schickte seinen Jungen auf den Acker, was er bis zu diesem Zeitpunkt noch nie getan hatte. Er schickte ihn hinaus gegen den Willen der Mutter. Fast schien es, als würde er mit dieser Strenge in der eigenen Familie das Unrecht tilgen[1], in dem er lebte. Und das Unrecht begann nun langsam seine Folgen zu zeigen.

Die kleine Arbeitsgruppe war fröhlich und jätete[2] lustig das Unkraut und die seltsamen Stauden und Pflanzen, die auf dem Acker seit Jahren wuchsen. Da diese Arbeit keiner Regel und besonderen Sorgfalt[3] bedurfte, machte sie den Kindern Spaß. Das Unkraut wurde zuerst an der Sonne getrocknet, dann zu einem Haufen zusammengetragen und zum Schluss mit großem Jubel verbrannt. Der Qualm[4] verbreitete sich rundherum und die Kinder sprangen drin wie wild herum.

Das sollte das letzte fröhliche Fest an dem Unglücksacker sein, und das junge Vrenchen kam auch dazu und half fleißig mit. Das Feuer gefiel den Kindern sehr und sie waren recht glücklich. Auch andere Kinder kamen noch dazu und bald war es eine ganz lustige Gesellschaft. Sali suchte immer Vrenchens Nähe und sie schlüpfte immer lächelnd zu Sali. Beiden Kindern kam es so vor, als müsste dieser Tag nie enden.

Gegen Abend kam der alte Manz und schaute, was sie gemacht hatten, und obwohl sie fertig waren,

1 **tilgen:** *eliminieren*
2 **jäten:** *vom Unkraut befreien*
3 **e Sorgfalt:** *e Präzision*
4 **r Qualm:** *r Rauch*

schimpfte er sie doch und scheuchte sie auseinander. In schrillem Ton pfiff Marti zu seiner Tochter, die sofort erschrocken zu ihm lief. Ohne dass sie wusste warum, gab er ihr dann einige Ohrfeigen. Weinend und traurig gingen die Kinder nach Hause, denn sie verstanden die plötzliche Rauheit[1] ihrer Väter nicht.

Am nächsten Tag war die Arbeit härter und Manz brauchte dazu kräftige Männer. Der Bauer ließ die Steine aufsammeln und wegfahren. Diese Arbeit wollte kein Ende nehmen und es schienen alle Steine der Welt auf diesem Acker zu liegen. Manz ließ jedoch die Steine nicht vom Feld wegbringen, sondern ließ sie auf dem Dreieck abwerfen, wegen dem die beiden Bauern im Streit waren. Es entstand eine gewaltige Steinpyramide, die da im Acker stand. Marti hatte das nicht erwartet; er glaubte, Manz würde mit seinem Pflug das Dreieck bearbeiten und wartete daher schon auf den Pflüger. Erst als Manz mit seiner Arbeit fast fertig war, hörte Marti von dem seltsamen Denkmal[2]. Er rannte voll Wut auf den Acker und sah die Bescherung[3]. Er holte einen Beamten aus der Gemeinde, um gegen den Steinhaufen zu protestieren und den Fleck[4] gerichtlich in Beschlag nehmen zu lassen.

Von diesem Tag an waren die zwei Bauern miteinander im Prozess und ruhten so lange nicht, bis sie beide zugrunde gerichtet[5] waren.

Der Hass wird größer

Die sonst so klugen Männer wurden durch diesen Streit sehr kurzsichtig und jeder glaubte, im Recht zu sein. Keiner von ihnen wollte begreifen, warum der

1 e **Rauheit:** *e Strenge*
2 s **Denkmal:** *r Gedenkstein*
3 e **Bescherung:** *e unangenehme Überraschung*
4 r **Fleck:** hier *s Stück Acker*
5 **zugrunde richten:** *vernichten*

11

andere den unbedeutenden Ackerzipfel für sich haben wollte. Sie fühlten sich in ihrer Ehre gekränkt und führten den Streit ohne Erbarmen fort. Ihr Streit beschränkte sich natürlich nicht nur auf sie selber sondern jeder hatte bald eine Reihe von Männern hinter sich. Für die Spekulanten von Seldwyla war dieser Streit ein gefundenes Fressen und sie hetzten die zwei Bauern immer mehr gegeneinander auf.

Marti und Manz veränderten sich im Laufe dieser Auseinandersetzungen. Sie nahmen andere Gewohnheiten und Sitten an und auch ihre Grundsätze änderten sich. Je mehr Geld sie verloren, desto hartnäckiger versuchten sie reich zu werden und besser dazustehen als der andere. Die zwei Bauern ließen sich zu jedem Schwindel[1] verleiten und sie setzten ihr Geld in alle Lotterien, deren Lose massenhaft in Seldwyla zirkulierten. Aber sie sahen nie einen Gewinn, sondern hörten nur von den Gewinnen anderer Leute. Regelmäßig spielten sie, denn sie waren fest davon überzeugt, jedes Mal fast selber gewonnen zu haben.

Die Hälfte ihrer Zeit verbrachten die Bauern in einer Spelunke[2] in der Stadt, wo sie sich zu dummen Ausgaben und zum Schlemmen[3] verleiten ließen. In Wahrheit blutete ihnen dabei das Herz, sie mussten aber das Spiel mitspielen. Sie lebten nur so, dass die anderen sie nicht für Dummköpfe hielten. Dabei merkten sie jedoch nicht, dass sie inzwischen solche geworden waren.

Die restliche Zeit verbrachten sie gelangweilt zu Hause oder sie gingen ihrer Arbeit nach. Sie versuchten hastig[4] die versäumte Arbeit nachzuholen, vertrieben aber mit ihrer Art jeden ordentlichen Arbeiter.

Es ging immer weiter abwärts mit ihnen und nach

---

1 r Schwindel: *e Lüge*
2 e Spelunke: *ein schmutziges Gasthaus*
3 schlemmen: *viel essen*
4 hastig: *schnell*

zehn Jahren steckten beide tief in den Schulden. Aber wie es ihnen auch erging, der Hass zwischen ihnen wurde jeden Tag größer. Jeder betrachtete den anderen als den Urheber[1] seines Unglücks und als Feind. Wenn sie sich auch nur von weitem sahen, spuckten sie voreinander aus. Unter Androhung von Misshandlung durfte niemand mehr aus der eigenen Familie mit einem Familienmitglied der anderen Seite sprechen.

Die Frau des Bauern Marti, die einen guten Charakter hatte, hielt diese schlimme Situation nicht aus. Sie verhärmte[2] immer mehr und starb, bevor ihre Tochter vierzehn Jahre alt war. Die Frau des Bauern Manz hingegen passte sich an die veränderte Lebensweise an; ihre Fehler verstärkten sich und sie wurde immer verlogener[3]. Sie schmeichelte den Leuten und im nächsten Moment verleumdete sie diese. In jedem Moment sagte sie das Gegenteil von dem, was sie dachte.

Sali und Vrenchen

Die Kinder litten sehr unter diesem endlosen Streit und ihre Jugendzeit war keine frohe Zeit. Überall gab es nur Streit und Sorgen. Vrenchens Lage war noch schlimmer, denn sie musste ohne Mutter unter der Tyrannei ihres Vaters leben. Mit sechzehn Jahren war Vrenchen ein schlankes, hübsches Mädchen und die dunkelbraunen Haare ringelten sich über ihre blitzenden braunen Augen. Trotz ihrer Sorgen war sie lebensfroh und zu einem Scherz aufgelegt. Die Sorgen plagten sie oft, denn sie musste nicht nur das wachsende Elend des Hauses sehen, sondern auch auf sich selber schauen. Sie versuchte sich halbwegs ordentlich und sauber anzuziehen, ohne dass sie finanzielle Mittel zur Verfügung gehabt hätte. Mit Mühe besorgte sie sich ein bescheide-

1 r Urheber: *r Grund*
2 verhärmt sein: *deprimiert sein*
3 verlogen: *falsch*

nes Sonntagskleid und bunte Halstücher. Das schöne Mädchen war dadurch gehemmt[1] und überaus bescheiden. Das Leiden und der Tod ihrer Mutter hemmte zusätzlich ihre fröhliche Art und sie litt unter dem Verlust sehr.

Auf den ersten Blick ging es Sali ein wenig besser als Vrenchen. Er war ein hübscher und kräftiger Junge, der sich zu wehren wusste. Er sah die schlechte Haus- und Hofhaltung seiner Eltern und erinnerte sich, dass es einmal nicht so war. Er hatte das frühere Bild seines Vaters im Gedächtnis, der ein fester, kluger und ruhiger Bauer war. Jetzt sah er ihn tobend und prahlend und auf krummen[2] Wegen dahinwandeln. Das missfiel ihm und bekümmerte[3] ihn, so dass sein Kummer immer größer wurde. Seine Sorgen wurden dann wieder betäubt durch die Schmeichelei seiner Mutter. Sie erfüllte ihrem Sohn alle Wünsche und unterstützte ihn bei seinen Vergnügen, um ihn auf ihrer Seite zu haben. Sali ließ sich das gefallen, er war dabei aber nicht dankbar. Seine Mutter schwatzte[4] und log ihm zu viel. Er hatte auch nicht viel Freude an seinen Vergnügen und war gleichzeitig lässig und gedankenlos. Er folgte nicht dem schlechten Beispiel seiner Eltern und wollte nur einfach und tüchtig sein. Sali war fast genau so, wie sein Vater in diesem Alter gewesen war. Der Vater erinnerte sich durch die Gegenwart seines Sohnes an seine eigene Jugend und hatte dabei ein schlechtes Gewissen.

Trotz seiner Freiheit genoss Sali das Leben nicht und sah keine Perspektive vor sich. So vergingen die Tage und Sali beschäftigte sich nicht weiter damit, was ihm die Zukunft bringen würde.

Sein Vater war der Feind von jedem, der Marti hieß,

1 **gehemmt sein:** *ohne Selbstbewusstsein*
2 **krumm:** *schief*
3 **bekümmern:** *traurig machen*
4 **schwatzen:** *sprechen*

doch Sali verstand den Grund dieser Feindschaft nicht recht. Er wusste nur, dass Marti vor vielen Jahren seinem Vater Schaden zugefügt hatte. Er wusste auch, dass man in Martis Haus genauso feindlich eingestellt war. Deshalb fiel es ihm nicht schwer, weder den Bauern Marti, noch dessen Tochter Vrenchen anzuschauen.

Vrenchen jedoch, die in ihrem Haus praktisch verlassen lebte und viel ertragen musste, hatte keine rechte Lust zu einer förmlichen Feindschaft. Sie fühlte sich verachtet von Sali, der gut gekleidet war und der auf sie einen glücklichen Eindruck machte. Sie versteckte sich daher schnell vor ihm, sobald er irgendwo in der Nähe war. Das war der Grund, warum Sali das Mädchen schon seit ein paar Jahren nicht mehr gesehen hatte und gar nicht wusste, wie es jetzt aussah.

Und doch wunderte ihn die ganze Sache manchmal sehr. Wenn einmal von den Martis gesprochen wurde, dann dachte er unwillkürlich nur an die Tochter. Er wusste jedoch nicht, wie sie jetzt aussah, trotzdem war ihm die Erinnerung an sie keineswegs unangenehm.

Der Umzug in die Stadt

Eines Tages entschied Salis Vater, sein Haus und seinen Hof zu verlassen und in die Stadt zu ziehen. Bei dieser Entscheidung hatte er auf den Rat seiner Seldwyler Gönner[1] gehört und wollte nun ein Wirt in der Stadt werden. Es war traurig zu sehen, wie ein ehemaliger Landmann, der auf dem Feld alt geworden ist, mit den Resten seines Besitzes in die Stadt zieht. Manz schien es der letzte Rettungsanker[2], eine Kneipe aufzumachen und in der Stadt sein Geld zu machen.

Als die Familie Manz von ihrem Haus wegzog, sah man erst, wie arm sie schon war. Die Möbel waren alt und man sah, dass sie schon viele Jahre nichts Neues

1 r **Gönner**: *r Förderer*
2 r **Rettungsanker**: *r letzte Halt, e Hilfe*

mehr angeschafft[1] hatten. Die Frau zog aber stolz ihr bestes Kleid an und sah als zukünftige Stadtfrau mit Verachtung von ihrer Gerümpelfuhre[2] auf die Dorfbewohner herunter. Diese standen voll Mitleid da und schauten der Familie in Gedanken nach. Die Bäuerin hatte sich vorgenommen, mit ihrer Liebenswürdigkeit und Klugheit die ganze Stadt zu bezaubern. Sie freute sich schon auf ihre Position als Frau Wirtin in einem stattlichen[3] Gasthof. Manz hingegen war weniger optimistisch und mit einer schlimmen Vorahnung trieb er seine dünnen Pferde an. Sein letzter Knecht hatte ihn schon vor ein paar Wochen verlassen. Manz sah genau, wie Marti voll Schadenfreude dastand und er fluchte ihm zu. Ihn allein hielt er für den Urheber seines Unglücks. Als sich das Fuhrwerk in Bewegung setzte, ging Sali schnell voraus und auf Seitenwegen alleine in die Stadt.

„Da wären wir!", sagte Manz. Das Fuhrwerk hielt vor dem Gasthof. Die Frau erschrak, denn es war in der Tat ein trauriger Gasthof. Drinnen sah es trübselig aus und der Gasthof glich[4] einer Räuberhöhle. Die Wände waren feucht und schlecht geweißt. Die Gaststube war dunkel und unfreundlich und die Stühle und Tische halb kaputt. Der Vorgänger hatte überall seinen Schmutz zurückgelassen.

Als sie vor der Spelunke hielten, kamen die Leute sofort neugierig aus ihren Häusern, um den neuen Bauernwirt zu sehen. Mitleidig schauten sie auf die Ankommenden und machten spöttische[5] Bemerkungen. Familie Manz schämte sich wegen des alten Hausrates, den sie nun ausladen musste.

1 anschaffen: *kaufen*
2 e Gerümpelfuhre: *ein Wagen mit alten Sachen*
3 stattlich: *mit hohem Niveau*
4 gleichen: *ähneln*
5 spöttisch: *ironisch, sarkastisch*

Sali schämte sich ebenfalls, aber er musste mithelfen, die Sachen auszuladen.

Das Leben im Gasthaus

So war der Anfang ihres Stadtlebens und so ging es auch weiter. In den ersten Wochen kamen abends hin und wieder[1] ein paar Leute, die neugierig waren, den neuen Wirt zu sehen. Sie wollten ihren Spaß haben und machten sich über die neuen Wirtsleute lustig.

Manz war mit den Gästen unfreundlich und barsch[2] und wollte sich gar nicht ordentlich benehmen. Ungeschickt füllte er die Gläser und stellte sie mürrisch vor die Gäste. Er versuchte etwas zu sagen, aber brachte schließlich kein Wort heraus. Seine Frau hingegen war umso eifriger und versuchte die Leute gut zu bedienen. Sie machte sich eine lächerliche Frisur und zog ein Gewand[3] an, in dem sie sich für unwiderstehlich hielt. Sie hüpfte elastisch an die Tische und redete dabei dummes Zeug. Obwohl sie sonst redegewandt[4] war, brachte sie nun kein normales Wort heraus. „So, so? Herrlich, herrlich, ihr Herren!", sagte sie lächelnd. Die Seldwyler, die da saßen, hielten sich vor Lachen den Mund, machten sich lustig über sie und stießen sich unter dem Tisch mit ihren Füßen. Der Bauer bemerkte das alles und machte ein finsteres Gesicht. „Du alte Kuh! Was tust du denn so dumm?", sagte er zu ihr. „Lass mich, du alter Tollpatsch[5] und stör mich nicht! Siehst du nicht, wie ich mir Mühe gebe und wie ich mit den Leuten umgehen kann? Das sind nur Lumpen wie du, doch bald werden vornehmere Leute zu uns kommen!", entgegnete sie ihrem Mann böse.

1 **hin und wieder:** *manchmal*
2 **barsch:** *grob*
3 **s Gewand:** *s Kleid*
4 **redegewandt:** *im Reden geübt*
5 **r Tollpatsch:** *r Narr*

Sali beobachtete auch alles; er ging hinaus in die dunkle Küche und weinte über seinen Vater und seine Mutter.

Bald hatten die Gäste das Theater der Wirtin satt[1] und gingen wieder dorthin, wo sie sich wohl fühlten und über die sonderbare Wirtschaft lachen konnten. Hin und wieder kam jemand und trank ein Glas Wein oder aß eine Wurst und starrte dabei die kahlen Wände an.

Familie Manz fühlte sich sehr unwohl in dieser dunklen Spelunke. Für Manz wurde es fast unerträglich, denn man konnte kaum die Sonne sehen. Wenn er an die Weite der Felder dachte, dann wurde er noch finsterer und ging im Gasthof unruhig hin und her. Die Nachbarn nannten ihn schon den bösen Wirt und starrten ihn, wenn er vor der Haustür war, böse an.

Bald schon verarmten sie ganz und hatten gar nichts mehr. Damit sie selber etwas essen konnten, mussten sie auf einen Gast warten, der ein Glas Wein bestellte. Wenn der Gast eine Wurst bestellte, dann waren sie noch mehr in Schwierigkeiten, sie irgendwo herzubekommen. Fast waren sie froh, dass niemand mehr kam und saßen deprimiert in ihrem Gasthof.

In diesem Elend versuchte die Alte ihren Mann aufzurichten[2] und gab manchen Rat. Das nützte ihnen jedoch wenig und die Frau ertrug mit Geduld den Unmut der zwei Männer.

Vater Manz und Sali widmeten sich der Fischerei, um wenigstens so etwas Essbares aufzutreiben. Das war auch eine Hauptbeschäftigung der Seldwyler, wenn sie finanziell ruiniert waren. Bei günstigem Wetter war das Flussufer voll von verarmten Männern, die oft nur mehr das besaßen, was sie am Leibe[3] hatten. Jeder hatte

1 **satt haben:** *genug haben*
2 **aufrichten:** *trösten, unterstützen*
3 **r Leib:** *r Körper*

eine kleine Schachtel bei sich, in der die Regenwürmer waren, die sie vor ihrer Tätigkeit ausgegraben hatten.

Vor zwölf Jahren hätte Manz nicht im Geringsten daran gedacht, bei diesen Gestalten[1] zu stehen und zu angeln. Schnell ging er an ihnen vorbei und suchte sich ein verborgenes Plätzchen, wo er zusammen mit Sali fischte. Er hatte jedoch keine Geduld, die Fische auf die gewöhnliche Art und Weise zu fangen, sondern er versuchte sie mit seinen Händen aus dem Bach zu holen.

Die Begegnung am Fluss

Marti, der auf dem Land geblieben war, ging es auch immer schlimmer. Anstatt auf seinem vernachlässigten Feld zu arbeiten, ging er ebenfalls auf das Fischen über. Er hatte fast sein ganzes Land verloren und die wenigen Äcker, die er noch besaß, bebaute er praktisch nicht mehr. Zum Fischen nahm Marti immer Vrenchen mit, die ihm bei jeder Witterung den Eimer[2] und die Angel nachtragen musste.

Eines Abends trafen sich Manz und Marti am Ufer eines tiefen Baches. Der Himmel war voll von Gewitterwolken, als die zwei Feinde am Ufer des Baches fischten. Manz kam gerade auf der anderen Seite des Baches daher, als Marti ihn sah. „Was machst du hier, du Hund? Kannst du nicht in Seldwyl bleiben, du Lump?“, rief er ihm zornig zu. „Bald wirst du wohl auch in die Stadt kommen, du Hund. Du fängst ja auch nur mehr Fische und lange wird es nicht mehr dauern!“, entgegnete er.

„Sei still, du Galgenhund! Ich verdanke nur dir mein Unglück!“, entgegnete Marti. Da der Wetterwind immer stärker wurde, musste Manz noch lauter schreien: „Oh, wie dumm du bist!“, sagte er wütend. Marti wurde ganz wild und versuchte auf das andere Ufer zu kommen. Er

1 e Gestalt: *e Person*
2 r Eimer: *s Gefäß*

war wütender als Manz, denn er meinte, dieser hätte als Wirt wenigstens genug zu essen und zu trinken. Er hingegen musste auf seinem halb zerstörten Hof sitzen und sich langweilen. Sali ging hinter seinem Vater, aber er hörte nicht auf den bösen Streit der beiden Männer. Er sah hinüber zu Vrenchen, die beschämt auf den Boden sah. Die braunen, lockigen Haare fielen ihr über das Gesicht. In der einen Hand hatte sie einen hölzernen[1] Fischeimer und in der anderen trug sie ihre Strümpfe und Schuhe. Sie schaute vor Scham nicht zu Sali hinüber, denn sonst hätte sie gesehen, dass Sali weder stolz noch vornehm[2] aussah und sehr bekümmert war. Sali schaute immer noch zu Vrenchen und war ganz im Bann ihrer Anmutigkeit[3].

So sahen beide nicht, dass ihre Väter immer wütender wurden und zu einem Steg[4] liefen, der über den Bach führte. Es fing an zu donnern und zu blitzen und das Wasser wurde seltsam beleuchtet. Wie zwei Wilde liefen sie auf die kleine Brücke und schlugen mit ihren Fäusten aufeinander ein. In ihrem Zorn und Kummer versuchten sie den anderen ins Wasser zu stoßen. Jetzt waren auch die Kinder hergekommen und sahen die Auseinandersetzung ihrer Väter. Sali sprang zu seinem Vater und wollte ihn wegziehen. Vrenchen umklammerte ihren Vater, um ihn zu schützen. Sie schaute unter Tränen zu Sali, der den Kampf zu stoppen versuchte. Dabei kamen sie sich ganz nahe und Sali sah in Vrenchens schönes Gesicht. Sie sah sein Erstaunen und lächelte ihn kurz an. Sali war es gelungen, seinen Vater vom Feind wegzubringen. Die zwei Männer drehten sich voneinander weg und begannen wieder zu schimpfen. Ihre Kinder aber waren ganz still und gaben sich beim Weggehen schnell die Hand.

1 **hölzern:** *aus Holz*
2 **vornehm:** *aristokratisch*
3 **e Anmutigkeit:** *e Grazie*
4 **r Steg:** *e kleine Brücke*

Verliebte Gedanken

Manz und Marti machten sich nun langsam auf den Heimweg. Es goss in Strömen[1] und sie gingen auf den dunklen, nassen Wegen. Manz ging gebückt und hatte die Hände in den Taschen. Er zitterte und Tränen flossen ihm über die Wangen in seinen Bart. Sali bemerkte nichts; er war völlig in Gedanken an Vrenchen. Er bemerkte weder den Sturm noch den Regen. Er dachte auch nicht an das Elend sondern nur an Vrenchen. Es war ihm ganz warm im Herzen und er hatte nur ihr Lächeln vor Augen. Er fühlte sich plötzlich so glücklich und reich wie ein Königssohn. Erst jetzt, nach einer halben Stunde, erwiderte er Vrenchens Lächeln. Er dachte so intensiv an Vrenchen, dass er glaubte, Vrenchen müsse auf ihrem Weg dieses Lächeln auch sehen.

Salis Vater fühlte sich am nächsten Tag wie zerschlagen und wollte nicht aus dem Haus gehen. Das Elend, welches jetzt schon Jahre dauerte, wurde immer größer und die Familie saß matt[2] in der Stube und in der Küche. In der Zwischenzeit kam praktisch kein Gast mehr und die Gaststube war meistens leer. Jeder hockte[3] einsam in einem Winkel und zeitweise schliefen sie ein und wurden von unruhigen Tagträumen geplagt. Wenn sie wach waren, dann zankten[4] sie miteinander und tauschten unfreundliche Worte.

Sali hingegen merkte von dieser Stimmung nichts, denn er dachte immer nur an Vrenchen. Er fühlte sich unsagbar reich und glücklich.

Sali fühlte sich also an diesem Tag weder arm noch hoffnungslos. Er war den ganzen Tag damit beschäftigt sich Vrenchens Gesicht und Gestalt vorzustellen. Das tat er so intensiv, dass ihr Bild beinahe wieder ver-

1 in Strömen gießen: *sehr stark regnen*
2 matt: *ohne Energie*
3 hocken: *sitzen*
4 zanken: *streiten*

schwand und er nicht mehr genau wusste, wie Vrenchen wirklich aussah. Er erinnerte sich mehr an Vrenchens Gesichtszüge als kleines Mädchen als an das Gesicht, das er am Vortag gesehen hatte.

Das Wiedersehen

Am Nachmittag machte sich Sali auf den Weg in sein Heimatdorf. Als er näher kam, begann sein Herz plötzlich wie wild zu klopfen. Auf dem Weg traf er Vrenchens Vater, der auf dem Weg in die Stadt war. Er sah sehr wild und vernachlässigt aus und sein Bart war lang und ungepflegt. Er sah aus wie ein übler Bauer, der seine Felder verloren hat und jetzt üble Sachen vorhatte. Trotzdem sah ihn Sali nicht mehr mit Hass an, sondern voll Scheu und Furcht, als ob nun sein Leben in dessen Hand stehen würde. Marti hingegen maß ihn mit einem bösen Blick von oben bis unten und ging weiter. Das war Sali eigentlich ganz recht, denn als er den alten Bauer das Dorf verlassen sah, wurde ihm klar, was er da eigentlich wollte. Er schlich[1] sich auf den Pfaden[2] so lange um das Dorf herum, bis er sich endlich gegenüber Martis Haus und Hof befand. Viele Jahre schon hatte Sali diesen Ort nicht mehr gesehen. Auch als sie noch im Dorf wohnten, gingen sich die beiden Familien aus dem Weg und wollten nichts miteinander zu tun haben. Deshalb war Sali nun erstaunt über die Verwüstung, die er sah. Was er an seinem eigenen Vaterhaus erlebt hatte, sah er vor sich. Ein Stück Ackerland nach dem anderen wurde Marti abgepfändet und er besaß nur mehr das Haus, ein Stück Garten und einen kleinen Acker in der Nähe des Flusses. Der Acker war aber nicht mehr ordentlich bebaut wie vor ein paar Jahren. Heute wuchsen da ein paar Rüben, Kraut und Kartoffeln und der Acker schaute eher wie ein ungepflegter Gemüseplatz

1 schleichen: *leise gehen*
2 r Pfad: *r kleine Weg*

aus. Was sie nicht aßen, das verfaulte im Acker und jeder lief im Acker herum wie es ihm gefiel. Das Stück Feld sah heute fast so aus wie damals der herrenlose Acker, von dem das ganze Unglück ausging. Der Stall war leer und die Tür hing kaputt in den Angeln. Viele Kreuzspinnen hingen vor dem dunklen Stall und ließen ihre Fäden in der Sonne glänzen. An der offenen Scheunentür hingen kaputte Fischergeräte, die an den Versuch der Fischerei erinnerten. Auf dem Hof sah man keine Katze, keinen Hund und nicht einmal ein Huhn; alles schien wie ausgestorben[1] zu sein. Das einzig Lebendige am Hof war der Brunnen, dessen Röhre jedoch ein Loch hatte. So floss das Wasser durch diesen Riss und bildete am Boden kleine Tümpel. Das war das beste Sinnbild für die Faulheit des Bauern. Es hätte wenig Mühe und Zeit gekostet, die Röhre wieder zu reparieren. Vrenchen jedoch musste sich abmühen, die Wäsche im seichten Wasser am Boden statt im Brunnentrog zu waschen.

Auch das Haus war völlig verkommen[2] und einige Fenster waren zerbrochen und mit Papier verklebt. Die Fenster hatten jedoch etwas Freundliches an sich, denn sie waren, auch die kaputten, ganz sauber geputzt und glänzten so hell wie Vrenchens Augen.

Der Hof lag ein wenig abseits[3] und hatte keine Nachbarshäuser; in diesem Augenblick war niemand zu sehen. Sali stand deshalb in aller Ruhe neben einer kleinen Scheune und schaute hinüber zu dem stillen und verlassenen Haus. Eine Weile schon schaute er, als Vrenchen aus dem Haus kam und in Gedanken verloren vor sich hin blickte. Sali stand da und ließ kein Auge von ihr. Als Vrenchen zufällig in seine Richtung sah, erblickte sie ihn. Die beiden schauten sich an, als würden sie einen Geist sehen, bis Sali endlich zu Vren-

1 **ausgestorben:** *ohne Leben*
2 **verkommen:** *vernachlässigt*
3 **abseits:** *vom Weg ab*

chen hinüberging. Als er bei ihr war, nahm Vrenchen seine Hände und sagte: „Sali!" Er nahm ihre Hände und sah ihr lange in die Augen. Sie hatte Tränen in den Augen und unter seinen Blicken wurde ihr Gesicht dunkelrot. Sie sagte: „Was machst du hier?" „Ich möchte dich nur sehen. Wollen wir nicht wieder gute Freunde sein?", erwiderte Sali. „Und was sagen unsere Eltern dazu?", antwortete Vrenchen, indem sie ihr weinendes Gesicht zur Seite drehte. „Sind wir Schuld an dem , was sie getan haben? Vielleicht wird es wieder gut, wenn wir zwei zusammenhalten und uns lieb haben!", entgegnete Sali. „Das wird nie so kommen, Sali. Es ist besser, du gehst wieder nach Hause!", sagte Vrenchen mit einem tiefen Seufzer. „Bist du allein, Vrenchen? Kann ich einen Moment hereinkommen?", fragte Sali. „Der Vater ist in die Stadt gegangen, um deinem Vater irgendetwas anzuhängen. Aber du kannst trotzdem nicht hereinkommen, weil dich dann sicher jemand sieht. Noch ist es still und niemand ist in der Nähe. Bitte, geh schnell, bevor dich jemand sieht", sagte Vrenchen. „Nein, so gehe ich nicht weg, wir müssen vorher wenigstens eine halbe Stunde miteinander reden!", entgegnete Sali. Vrenchen dachte eine Weile nach und sagte dann: „Gegen Abend gehe ich zu unserem Acker und hole etwas Gemüse. Es wird niemand dort sein, weil die Leute anderswo das Gemüse schneiden. Wenn du willst, dann komm dorthin. Jetzt aber geh und pass auf, dass dich niemand sieht! Die Leute würden sonst gleich tratschen, so dass es der Vater sofort hören würde!", sagte Vrenchen. Sie hielten sich noch immer an den Händen und fragten sich gleichzeitig: „Wie geht es dir?" Doch wie es bei Verliebten ist, fanden sie keine rechten Worte und schauten sich nur in die Augen. Ohne sich noch etwas zu sagen, gingen sie mit traurigen und seligen[1] Gefühlen auseinander. „Ich komme bald

1 **selig:** *glücklich*

auf den Acker hinaus, komm bald nach!", rief Vrenchen ihm noch nach.

Sali ging also bald auf die Anhöhe hinauf, wo der stille Acker lag. Die warme Julisonne, die Wolken und der blaue Fluss erfüllten ihn zum ersten Mal wieder mit Glück und Zufriedenheit und nicht mit Kummer. Er warf sich auf den Boden und schaute glückselig in den Himmel.

Der schwarze Geiger

Es dauerte nur eine Viertelstunde, bis Vrenchen nach-kam; plötzlich stand sie vor Sali und lächelte ihn an. Dieser war überrascht und sprang froh auf. „Vren-chen!", rief er nur. Sie streckte ihm die Hände entgegen und sie gingen Hand in Hand dem Korn entlang bis zum Fluss. Dabei redeten sie nicht viel und gingen glücklich zwei- oder drei- Mal hin und her. In ihrem stillen Hin- und Hergehen glichen sie ihren Vätern, die vor vielen Jahren hier gepflügt hatten.

Als sie so dahin gingen, sahen sie plötzlich einen schwarzen Kerl[1] vor sich, von dem sie nicht wussten, wo er so schnell hergekommen war. Er war wahrschein-lich im Korn gelegen, denn sie hatten ihn vorher nicht gesehen. Sie zuckten erschreckt zusammen und Sali sagte: „Der schwarze Geiger!" Tatsächlich hatte der Mann eine Geige unter dem Arm und sah schwarz aus. Er trug ein schwarzes Filzhütchen und einen schwarzen rußigen Kittel. Auch seine Haare waren pechschwarz, ebenso sein Bart, sein Gesicht und seine Hände. Er half den Handwerkern in der Umgebung und auch den Kohlenbrennern. Mit seiner Geige war er immer dort, wo die Bauern ein Fest feierten und lustig waren.

Sali und Vrenchen gingen mäuschenstill[2] hinter dem Geiger her und hofften, er würde vom Feld gehen und

1 **r Kerl:** *r Mann*
2 **mäuschenstill:** *sehr leise*

sich nicht umschauen. So schien es auch zunächst, denn er tat, als würde er die zwei nicht bemerken. Sie waren so gebannt[1], dass sie es nicht wagten, den Pfad zu verlassen. So folgten sie dem Kerl unwillkürlich bis zum Ende des Pfades, wo jener Steinhaufen lag, der immer noch den streitigen Ackerzipfel bedeckte. Der kleine Berg sah feuerrot aus, denn viele Mohnblumen wuchsen da.

Plötzlich sprang der Geiger mit einem Satz auf die rote Steinmasse hinauf und sah sich um. Vrenchen und Sali blieben verlegen stehen und sahen zu dem dunklen Mann hinauf. Dieser sah scharf auf sie hinunter und rief: „Ich weiß, wer ihr seid! Ihr seid die Kinder der zwei Bauern, die mir vor Jahren diesen Boden hier gestohlen haben! Seht mich nur an, ihr zwei! Gefällt euch meine Nase, wie?" Tatsächlich hatte er eine schreckliche Nase, die einem Prügel[2] ähnelte, der in das Gesicht geworfen worden war. Er hatte einen kleinen spitzen Mund, aus dem er ununterbrochen pfiff und zischte. Das Filzhütchen war auch ganz unheimlich, es war weder rund noch eckig und saß fest auf seinem Kopf. „Eure Väter kennen mich gut und jeder im Dorf weiß, wer ich bin, wenn er meine Nase sieht. Vor Jahren wurde ausgeschrieben, dass Geld für den Erben dieses Ackers bereit wäre. Ich habe mich zwanzig Mal gemeldet, aber ich habe keinen Taufschein und keinen Heimatschein und meine Freunde haben ebenfalls kein gültiges Zeugnis. So ist die Frist längst abgelaufen und sie haben mich um das Geld gebracht, mit dem ich auswandern wollte! Ich habe eure Väter angefleht, mich für den rechten Erben zu halten, doch sie haben mich nur von ihren Höfen gejagt. Aber das ist der Lauf der Welt, denn nun sind sie selbst zum Teufel gegangen! Wenn ihr tanzen wollt, dann spiele ich euch mit meiner Geige!" Mit diesen Worten sprang er vom Steinhaufen und ging auf das Dorf zu.

1 gebannt sein: *verhext sein*
2 r Prügel: *r Stock*

Glückliches Zusammensein

Als der Geiger verschwunden war, setzten sich die zwei ganz mutlos und betrübt[1] auf die Steine. Der Geiger hatte sie aus ihrem Glück gerissen und nun saßen sie da auf der harten Realität ihres Lebens und ihre Gemüter wurden so schwer wie Steine.

Da erinnerte sich Vrenchen plötzlich an die hässliche Nase des Geigers und musste hell auflachen. „Was für eine Nase! Der arme Kerl sieht wirklich komisch aus!", sagte sie lachend und ihr Gesicht wurde ganz froh. Sie lachte Sali ins Gesicht, der unwillkürlich mit lachendem Mund in Vrenchens Augen schaute. „Wie schön du bist, Vrenchen, und wie du lachen kannst!", sagte Sali. „Wie lange hätte ich schon gern gelacht, aber ich habe nie was Rechtes gefunden. Jetzt möchte ich dich ewig anlachen, wenn ich dich sehe und ich möchte dich auch immer sehen!", entgegnete sie. „Oh Vrenchen!", sagte er und sah ihr ergeben in die Augen. „Nie habe ich ein Mädchen angeschaut, und ohne dass ich es wusste, bist du immer in meinen Gedanken gewesen!", fuhr er fort. „Und du mir auch", sagte Vrenchen. „Du hast mich nie angesehen und wusstest nicht, wie ich aussehe. Ich habe dich jedoch manchmal heimlich aus der Ferne und sogar aus der Nähe beobachtet. Ich wusste immer, wie du aussiehst! Erinnerst du dich, als wir als Kinder immer hierher gekommen sind? Und erinnerst du dich noch an den kleinen Wagen? Wie klein sind wir damals gewesen und wie lang ist das alles her! Du musst jetzt bald zwanzig sein, Sali!" „Ja, und du musst ungefähr siebzehn sein, oder?", sagte Sali voll Vergnügen und Zufriedenheit.

Sie redeten noch eine Weile so weiter, bis sie ausgelassen zwischen den Mohnblumen lagen. Vrenchen lag da und zwinkerte mit den Augen in der Sonne. Ihre Wangen waren gerötet und ihr Mund war halb geöffnet und

1 betrübt: *traurig*

man sah ihre schönen weißen Zähne. „Deine weißen Zähne hast du noch!", sagte Sali lachend. „Erinnerst du dich noch, wie oft wir sie gezählt haben. Kannst du jetzt zählen?", sagte er weiter. „Das sind ja nicht dieselben, du Kind! Jene sind ja schon lange ausgefallen!", sagte Vrenchen lachend. Sali wollte nun jenes Spiel von damals wiederholen und die glänzenden Zähne zählen. Vrenchen aber machte ihren roten Mund zu und richtete sich auf. Sie begann einen Kranz aus Mohnblumen zu winden, den sie sich dann auf den Kopf setzte. Der Kranz stand Vrenchen ganz toll und sie sah reizend aus.

Plötzlich sprang sie auf und rief: „Ach, wie heiß ist es hier! Wir sitzen da wie die Narren und lassen uns verbrennen. Komm, mein Lieber! Gehen wir ins hohe Korn!" Sie schlüpften also ins Korn hinein und bauten sich dort einen kleinen Raum in den goldenen Ähren. Diese ragten ihnen hoch über den Kopf und über sich sahen sie nur den tiefblauen Himmel und sonst nichts. Sie umarten sich und küssten sich so lange, bis sie müde wurden. Sie hörten die Lerchen singen, und wenn sie eine am Himmel sahen, dann küssten sie sich wieder zur Belohnung. Auf einmal sagte Vrenchen: „Also, jeder von uns hat einen Schatz, stimmt das?" „Ja!", sagte Sali. „Das scheint auch mir so!" „Wie gefällt dir denn dein Schätzchen, was kannst du über es erzählen?", fragte Vrenchen. „Mein Schätzchen ist ein sehr feines Ding. Es hat zwei braune Augen, einen roten Mund und hat zwei Füße. Aber seine Gedanken kenne ich weniger als den Papst in Rom! Und was erzählst du von deinem Schatz?", fragte Sali. „Er hat zwei blaue Augen, einen komischen Mund und zwei starke Arme. Aber seine Gedanken sind mir unbekannter als der türkische Kaiser!", erklärte sie. „Das ist eigentlich wahr. Wir kennen uns weniger, als wenn wir uns nie gesehen hätten. Die lange Zeit hat uns fremd gemacht!", sagte Sali. „Was hast du so alles gedacht in deinem Köpfchen, Vrenchen?" „Ach, nicht viel. Es ist mir immer so trübselig[1] ergangen, dass ich nicht viel im Kopf habe! Aber wenn du mich recht lieb hast, dann kannst du alles erfahren!", sagte Vrenchen weiter. „Wenn du einmal meine Frau bist?", sagte Sali. Vrenchen zitterte bei diesen letzten Worten, schmiegte sich tiefer in Salis Arme und küsste ihn zärtlich. Dabei kamen ihr Tränen in die Augen und beide wurden plötzlich traurig. Sie dachten an die Feindschaft ihrer Eltern und an ihre hoffnungslose Zukunft. Vrenchen seufzte und sagte: „Komm, ich muss nun gehen!" Beide standen auf und gingen Hand in Hand aus dem Kornfeld.

Der Sturz

Plötzlich sahen sie Vrenchens Vater vor sich stehen! Dieser war neugierig geworden, als er Sali in das Dorf hatte gehen sehen. Er war in die Stadt gegangen, aber gleich wieder umgekehrt. Zu Hause am Hof fand er Vrenchen nicht und so ging er mit wachsender Neugier zum Acker hinaus. Dort sah er Vrenchens Korb liegen, mit dem sie das Gemüse holte, aber das Mädchen sah er nirgends. In diesem Moment sah er die erschrockenen Kinder.

Sie standen wie versteinert da und auch Marti schaute böse, er war bleich[2] im Gesicht. Dann begann er mit Schimpfworten ganz schrecklich zu toben[3] und griff gleichzeitig nach Salis Hals, um ihn zu würgen. Sali war entsetzt über den wilden Mann und sprang einige Schritte zurück. Als er jedoch sah, dass Marti nun Vrenchen nahm, sprang er gleich wieder vor. Marti gab dem zitternden Vrenchen eine Ohrfeige, so dass der rote Kranz herunterflog. Marti nahm Vrenchens Haare, um sie mit sich fortzureißen und sie weiter zu misshandeln.

Sali nahm ohne viel zu denken einen Stein vom

1 **trübselig:** *traurig*
2 **bleich:** *blass*
3 **toben:** *wild schreien*

29

Boden und schlug damit dem Alten auf den Kopf. Marti taumelte ein wenig und fiel dann bewusstlos auf den Steinhaufen nieder. Sali befreite Vrenchens Haare aus seiner Hand und half ihr auf. Dann stand er versteinert da, er war ratlos und gedankenlos. Vrenchen begann zu zittern und zu weinen, als sie ihren Vater wie tot am Boden liegen sah. „Hast du ihn erschlagen?", schrie sie. Sali nickte und Vrenchen schrie wieder: „O Gott. Es ist mein Vater! Der arme Mann!" Sie warf sich über ihn und nahm seinen Kopf in ihre Hände. Sali kniete sich auf der anderen Seite des Mannes nieder und beide schauten wie gelähmt in das leblose Gesicht. Um nur etwas zu sagen, sagte Sali: „Er wird doch nicht gleich tot sein, oder?" Sie sahen, dass sich die Lippen schwach bewegten. „Er atmet noch!", rief Vrenchen. „Lauf ins Dorf und hol Hilfe!" Sali sprang auf und wollte laufen, als Vrenchen ihm zurief: „Komm aber nicht mit zurück und sag nichts, wie es passiert ist. Auch ich werde schweigen und niemand soll erfahren, wie es zugegangen[1] ist!" Dabei liefen ihr die Tränen über die Wangen. „Komm, küss mich noch einmal, nein geh lieber fort. Wir können nicht zusammenkommen, es ist für immer aus!" Sie stieß Sali fort und dieser lief in das Dorf. Auf dem Weg dorthin traf er einen kleinen Jungen, dem er auftrug, Hilfe zu holen. Er beschrieb ihm genau, wo Marti lag und lief verzweifelt weg. Er verbrachte die ganze Nacht im Gehölz und erst am Morgen schlich er in die Felder, um etwas zu erfahren. Dort hörte er von zwei Leuten, die miteinander sprachen, dass Marti noch lebte. Niemand wüsste jedoch, was passiert sei und was ihm zugestoßen sei. Erst jetzt ging Sali zurück in die Stadt und verbarg[2] sich im dunklen Haus.

1 zugehen: *passieren*
2 sich verbergen: *sich verstecken*

Die Fahrt ins Hospiz

Vrenchen hielt ihr Wort, denn niemand erfuhr die Wahrheit. Sie hätte den Vater selbst da gefunden und wüsste nichts. Da sich Marti am nächsten Tag wieder bewegte und atmete, auch wenn er ohne Bewusstsein war, glaubten die Leute, er wäre betrunken gewesen und auf die Steine gefallen. Vrenchen ging nicht von seiner Seite und pflegte ihn. Sie entfernte sich nur, wenn sie beim Doktor die Medizin holte oder eine Suppe kochte. Es dauerte fast sechs Wochen, bis er wieder zu Bewusstsein kam. Aber es war nicht das alte Bewusstsein, das er jetzt hatte, sondern es wurde immer deutlicher, dass er blödsinnig[1] geworden war. Er erinnerte sich nur sehr dunkel an das Geschehene und es kam ihm lustig vor. Er lag im Bett und lachte wie ein Narr und redete sinnlose Dinge. Er schnitt Gesichter und versteckte sich unter der Bettdecke. Vrenchen hörte ihm geduldig zu, sie war bleich und abgehärtet. Sie weinte über ihren Vater und seine Dummheit ängstigte sie mehr als seine frühere Bosheit. Als Marti dann aufstehen konnte, wurde es noch ärger. Er machte nur mehr Dummheiten, streckte die Zunge heraus und redete mit den Bohnen.

Zur gleichen Zeit war es auch mit seinem Besitz aus und nun war es so weit, dass auch sein Haus und der letzte Acker gerichtlich verkauft wurden. Es fand eine Versteigerung statt und Marti wurde von der Gemeinde in einem Hospiz für sonderbare alte Leute untergebracht. Diese Anstalt befand sich in der Hauptstadt des kleinen Landes.

Der alte Mann wurde auf ein Wägelchen gesetzt, das von einem Ochsen gezogen wurde. Es gehörte einem ärmlichen Bauern, der in die Stadt gezogen war, um dort ein paar Säcke Kartoffeln zu verkaufen. Vrenchen setzte sich zu ihrem Vater auf das Fuhrwerk hinauf , um ihren Vater auf dieser Fahrt zum lebendigen Begräbnis zu begleiten.

1 **blödsinnig:** *dumm*

Es war eine traurige und bittere Fahrt, aber Vrenchen sorgte für ihren Vater und ließ ihm an nichts fehlen. Endlich erreichten sie das Gebäude in der Stadt, wo man viele Leute sah, die alle weiße Kittel[1] trugen. Auch Marti bekam einen solchen Kittel und er freute sich wie ein Kind darüber und tanzte singend herum. „Ich grüße euch, ihr Herren. Euer Haus gefällt mir, es ist schön! Geh nach Hause Vrenchen und sag der Mutter, dass ich nicht wiederkomme. Hier gefällt es mir, juche!" Solche und ähnliche Sachen sagte er, bis ihn ein Aufseher zur Ordnung rief. Er führte den Alten zu einer leichten Arbeit und Vrenchen machte sich auf den Weg zum Fuhrwerk. Sie setzte sich darauf und aß ein Stück Brot. Dann schlief sie, bis der Bauer zurückkam und mit ihr in das Dorf fuhr.

Die letzte Nacht in Vrenchens Haus

Sie kamen erst in der Nacht an und Vrenchen ging in das dunkle Haus, in dem sie noch zwei Tage bleiben durfte. Sie machte ein Feuer , um sich noch den letzten Kaffee zu kochen, den sie besaß. Sie setzte sich hin, sie fühlte sich ganz elend. Sie sehnte sich nach Sali und wollte ihn nur noch ein Mal sehen. Wie sie so in Gedanken versunken war und ihren Kopf in die Hände stützte, kam plötzlich jemand durch die Tür. „Sali!", rief sie und fiel ihm um den Hals. Dann sahen sich beide erschrocken an und riefen: „Wie elend du aussiehst!" Beide sahen in der Tat sehr bleich aus und Sali war nicht weniger abgezehrt als Vrenchen. Sie zog ihn zu sich an den Herd und fragte: „Bist du krank gewesen, oder ist es dir auch schlimm gegangen?" „Nein, wirklich krank bin ich nicht, nur krank aus Heimweh nach dir! Bei uns ist momentan viel los;der Vater hat viel Gesindel[2] in der Taverne und ich glaube, dass er ein Hehler geworden ist. Die Mutter hilft fleißig mit, um

1 r Kittel: *s Kleidungsstück*
2 s Gesindel: *asoziale Leute*

etwas im Haus zu haben und glaubt auch noch, dass sie das Chaos durch ihre Aufsicht kontrollieren könne! Ich kümmere mich nicht darum, denn ich kann nur an dich denken. Von den Landstreichern[1] haben wir gehört, was mit deinem Vater passiert ist und mein Vater freut sich wie ein Kind. Ich habe gedacht, dass du jetzt allein bist und bin gekommen, um dich zu sehen!"

Vrenchen erzählte ihm nun alles, was sie bedrückte und worunter sie litt. Sie war glücklich Sali bei sich zu haben und zusammen tranken sie den wenigen Kaffee, den sie gemacht hatte. „Übermorgen musst du hier weg? Was soll dann bloß werden?", fragte Sali. „Das weiß ich noch nicht. Ich werde weggehen und dienen müssen! Ich werde es jedoch ohne dich nicht aushalten. Ich kann dich aber nie bekommen! Du hast meinen Vater geschlagen und ihn um seinen Verstand gebracht. Das wäre kein guter Grundstein[2] für eine Ehe und wir könnten nie sorglos sein!" Sali seufzte und sagte: „Auch ich wollte schon hundert Mal fortgehen und Soldat werden, aber ich kann nicht gehen, solange du da bist! Ich würde sterben!" Vrenchen sah ihren Geliebten lächelnd an; beide sagten kein Wort mehr und schliefen in der Gewissheit ein, dass sie vom anderen geliebt wurden. Sie schliefen so ruhig wie zwei Kinder in der Wiege.

Der Traum

Sali wachte auf, als die Sonne gerade aufgegangen war. Er weckte Vrenchen zärtlich, die aber nicht wach werden wollte. Da küsste er sie heftig auf den Mund und Vrenchen sah Sali vor sich. „Gerade noch habe ich von dir geträumt. Ich träumte, wir tanzten lange auf unserer Hochzeit und wir waren so glücklich. Wir wollten uns küssen, aber irgendetwas zog uns immer auseinander! Wie gut, dass du jetzt gleich da bist!" Sie fiel Sali um den Hals

1 r Landstreicher: *jemand ohne festen Wohnsitz*
2 r Grundstein: *e Basis*

und küsste ihn pausenlos. „Was hast du denn geträumt?",
fragte sie und streichelte ihm seine Wangen und sein Kinn.
„Ich träumte, ich ginge durch einen Wald und du gingest
in der Entfernung immer vor mir. Manchmal schautest du
dich zu mir um, winktest mir und lachtest dabei. Ich fühlte mich wie im siebten Himmel. Das ist alles!"

Sie gingen durch die Küchentür, die unmittelbar ins
Freie führte und sie waren fröhlich. Die frische Morgenluft und der stille Frieden machte sie sorglos. „Morgen Abend muss ich also aus dem Haus heraus und mir
ein anderes Zuhause suchen", sagte Vrenchen. „Vorher
aber möchte ich nur einmal recht lustig sein; und zwar
mit dir, Sali. Ich möchte mit dir tanzen, so wie in meinem Traum!", fuhr sie fort. „Ich komme mit dir, denn
ich möchte sehen, wo du unterkommst, Vrenchen. Und
tanzen möchte ich auch mit dir. Aber wo?", entgegnete
Sali. „Morgen ist Kirchweih in zwei verschiedenen Dör-
fern, die nicht weit von hier liegen! Da kennt uns niemand und so beachtet uns auch niemand!", sagte Vrenchen. „Draußen beim Wasser warte ich auf dich und
dann gehen wir dorthin, wo es uns gefällt. Wir wollen
es lustig haben, nur ein Mal! Aber oje, wir haben ja kein
Geld! Da wird nichts draus!", fuhr Vrenchen traurig
fort. „Lass nur, ich werde etwas mitbringen!", sagte Sali.
„Aber doch nicht von dem, was dein Vater gestohlen
hat, oder?" „Nein, sei unbesorgt. Ich habe noch meine
silberne Uhr und die werde ich verkaufen!", sagte Sali.
„Ich rate dir nicht ab, Sali", sagte Vrenchen und sie erö-
tete. „Ich glaube nämlich, ich müsste sterben, wenn ich
morgen nicht mit dir tanzen könnte!" „Es wäre das
Beste, wir würden sterben!", sagte Sali.

Sie umarten sich wehmütig und schauten sich jedoch
hoffnungsvoll an. Sie dachten an den morgigen Tag.
„Und wann kommst du denn?", rief Vrenchen ihm
nach. „Spätestens um elf Uhr Mittag. Wir wollen dann
ordentlich zusammen Mittag essen!", antwortete ihr

Sali. Als Sali schon beim Gehen war, rief sie ihn noch einmal zurück und hatte plötzlich ein verzweifeltes Gesicht. „Es wird doch nichts daraus!", sagte sie unter Tränen. „Ich habe keine Sonntagsschuhe mehr. Ich habe nur noch diese schweren hier und weiß nicht, wo ich welche herbekommen soll!", sagte sie weiter. Sali war ebenso ratlos. „Dann musst du eben diese hier anziehen!" „Nein, nein, in diesen hier kann ich nicht tanzen!", sagte Vrenchen. „Dann müssen wir eben welche kaufen. In Seldwyl gibt es Schuhgeschäfte genug! In zwei Stunden werde ich das Geld haben!", erwiderte Sali. „Morgen werde ich die Schuhe kaufen und sie dir dann mitbringen!" „Aber sie werden mir ja nicht passen," wenn du sie kaufst!", sagte Vrenchen weiter. „Gib mir halt einen alten Schuh mit oder noch besser ist es, wenn ich das Maß nehme!", entgegnete Sali. „Ja richtig, daran habe ich gar nicht gedacht." Sie setzte sich an den Herd und zog sich einen Schuh aus. Sali kniete sich nieder und nahm mit einem Schnürchen das Maß, so gut er es konnte. „Du bist mir ein Schuhmacher!", sagte Vrenchen und lachte zu Sali hinunter. Sali wurde rot und hielt Vrenchens Fuß fest in seinen Händen und länger, als es nötig war. Vrenchen umarte Sali noch ein Mal stürmisch[1], küsste ihn und schickte ihn dann weg.

Vorbereitungen

Als Sali in der Stadt war, brachte er seine Uhr zu einem Uhrmacher, der ihm dafür sechs oder sieben Gulden[2] gab. Auch für die silberne Kette bekam er einige Gulden. Seitdem er groß war, hatte er nie auf einmal so viel Geld besessen. Wenn nur der heutige Tag vorüber wäre und der Sonntag schon da wäre, dachte sich Sali.

Nun ging er von einem Schuhgeschäft zum anderen, bis er die richtigen Schuhe für Vrenchen gefunden hatte.

1 stürmisch: *leidenschaftlich*
2 r Gulden: *vom 14. bis 19. Jahrhundert verbreitete Goldmünze*

Er kaufte ein sehr feines Paar, das so hübsch war, wie es Vrenchen noch nie getragen hatte. Er versteckte die Schuhe unter seiner Jacke und trug sie den ganzen Tag bei sich. Am Abend nahm er sie sogar mit ins Bett und steckte sie unter sein Kopfkissen. Am nächsten Morgen war er früh munter[1] und zog sein Sonntagsgewand an.

Seiner Mutter fiel es auf und sie fragte ihn, was er vorhabe und warum er sich so schön anziehe. „Ich will ein bisschen über das Land gehen, sonst werde ich noch krank in diesem Haus!", sagte Sali. „Das ist aber ein seltsames Leben!", murrte der Vater. „Lass ihn nur gehen! Es tut ihm vielleicht nur gut, so wie er aussieht!", sagte die Mutter. „Hast du Geld zum Spazierengehen?", fragte Manz. „Ich brauche keines!", sagte Sali. „Da hast du einen Gulden! " Der Alte warf seinem Sohn einen Gulden hin. „Im Dorf kannst du ins Wirtshaus gehen und etwas essen. Sonst glauben sie noch, wir sind übel[2] dran!", sagte er weiter. „Ich brauche den Gulden nicht, behalte ihn nur!", entgegnete Sali. „Du sturer Kopf!", sagte Manz und steckte sich den Gulden wieder in seine Tasche.

Seine Frau aber wusste nicht, warum sie so wehmütig[3] war, wenn sie ihren Sohn anschaute. Sie brachte ihm ein großes schwarzes Halstuch mit einem roten Rand. Sie hatte es nur selten getragen und Sali wollte es früher schon gern tragen. Er wickelte es um seinen Hals und ließ die langen Zipfel fliegen. Sonst hatte er den Hemdkragen immer umgeschlagen, heute aber stellte er ihn zum ersten Mal männlich in die Höhe.

Dann machte er sich schon um sieben Uhr auf den Weg. Vrenchens Schuhe hatte er in seiner Brusttasche. Als er aus dem Haus ging, hatte er ein seltsames Verlangen, seinen Eltern noch die Hand zu drücken und auf

1 **munter:** *wach*
2 **übel:** *schlecht*
3 **wehmütig:** *deprimiert*

der Straße schaute er noch ein Mal zurück. „Ich glaube fast, Sali schleicht irgendeinem Weibsbild nach. Das hätten wir noch nötig!", sagte der alte Manz. „Wenn Gott will! Wenn er sein Glück machen könnte; das würde dem armen Buben nur gut tun!", sagte seine Frau.

Die Schuhe

Sali ging zuerst in die Richtung, wo der Fluss war. Er änderte jedoch gleich die Richtung und ging geradeaus ins Dorf hinein. Er wollte nicht bis elf Uhr warten sondern Vrenchen gleich zu Hause abholen. „Was interessieren uns die Leute! Ich bin ehrlich und habe vor niemand Angst!", dachte sich Sali und betrat Vrenchens Stube.

Ganz unerwartet sah er da Vrenchen auf dem Stuhl sitzen und warten. Sie war schon angezogen und wartete nur noch auf die Schuhe. Sali stand mit offenem Mund in der Mitte der Stube und sah erstaunt zu Vrenchen. Sie war wunderschön. Sie trug ein einfaches Kleid aus blauem Leinen, das frisch und sauber war. Es stand ihr sehr gut und unterstrich ihre schlanke Figur. Darüber trug sie ein schneeweißes Halstuch. Ihre Haare waren ordentlich frisiert und die sonst so wilden Locken hingen heute ganz lieblich um den Kopf.

Da Vrenchen schon viele Wochen nicht mehr aus dem Haus gekommen war, war ihre Hautfarbe noch zarter und durchsichtiger geworden. Auch der Kummer hatte ein wenig seine Spuren hinterlassen, doch die Freude und das Glück, Sali zu sehen, färbten ihre Wangen sofort rötlich. An der Brust trug sie einen schönen Blumenstrauss aus Rosmarin, Rosen und Astern. Sie saß am offenen Fenster und atmete die frische Morgenluft.

Als sie aber Sali sah, streckte sie ihm ihre Arme entgegen und rief froh:„ Wie gut, dass du schon jetzt hierher kommst. Hast mir auch die Schuhe mitgebracht? Sicher? Ich stehe nun nicht mehr auf, bis ich sie anhabe!"

Sali zog die ersehnten Schuhe aus seiner Tasche und

gab sie dem schönen Vrenchen. Sie warf die alten Schuhe weg und schlüpfte in die neuen. Sie passten ihr ausgezeichnet[1]. Erst jetzt stand sie auf und ging ein paar Mal auf und ab. Sie zog ihr blaues Kleid ein wenig zurück und schaute auf die die roten Schleifen der neuen Schuhe. Sali betrachtete ununterbrochen Vrenchens reizende Gestalt. „Du schaust meinen Strauss an? Ist er nicht schön? Du musst wissen, es sind die letzten Blumen, die ich hier noch gefunden habe. Hier war noch ein Röschen, dort eine Aster und nun ist es ein hübscher Strauss geworden. Nun aber ist es höchste Zeit, dass ich wegkomme. Kein Blümchen ist mehr im Garten und das Haus ist auch leer!"

Erst jetzt sah sich Sali im Haus um und bemerkte, dass alles weg war. „Du armes Vrenchen! Haben sie dir schon alles weggenommen?" „Ja, gestern haben sie es geholt. Alles, was sie bewegen konnten, haben sie mitgenommen. Sie haben mir kaum mehr mein Bett gelassen. Ich habe es gleich verkauft und jetzt habe ich auch ein wenig Geld! Schau!" Sie zog einige Talerstücke aus ihrer Tasche und zeigte sie Sali. Es war auch der Vormund[2] da und er sagte mir, ich solle mir gleich heute mit dem Geld in der Stadt eine Stelle suchen!" „Aber du hast ja überhaupt nichts mehr, keinen Teller, kein Messer, nichts! Dann hast du ja gar nichts gefrühstückt, Vrenchen!" „Gar nichts, Sali. Ich hätte mir etwas holen können, doch ich wollte lieber hungrig bleiben, damit ich recht viel mit dir essen kann! Ich freue mich schon ganz riesig[3] darauf, weißt du?" „Dann komm, Vrenchen, gehen wir!" „Erst müssen wir warten, bis das Bett abgeholt wird. Dann schließe ich nämlich das leere Haus ab und komme nie mehr zurück!" Sie setzten sich einander gegenüber und warteten.

1 **ausgezeichnet:** *sehr gut*
2 **r Vormund:** *jemand, der einen Minderjährigen rechtlich vertritt*
3 **ganz riesig:** *sehr*

Hunderttausend Gulden

Die Bäuerin, die das Bett gekauft hatte, kam bald. Sie hatte einen Burschen bei sich, der ihr das Bett wegtragen sollte. Als die Frau Vrenchens Liebhaber und Vrenchen selber so schön hergerichtet sah, sperrte sie neugierig ihre Augen und ihren Mund auf[1]. Sie schrie: „Ei, das Vrenchen! Du hast einen Besucher und bist hergerichtet wie eine Prinzessin!" „Ja, und wisst ihr auch, wer das ist?", fragte Vrenchen. „Ei, ich denke, das ist wohl der Sali Manz? Berg und Tal kommen nicht zusammen, die Leute aber schon! Aber pass auf, mein Kind. Denk daran, wie es euren Eltern ergangen ist!"

„Jetzt ist alles gut geworden!", erwiderte Vrenchen lächelnd und mitteilsam[2]. „Schau, Sali ist mein Bräutigam. Er ist ein reicher Herr. Er hat hunderttausend Gulden in der Lotterie gewonnen! Stell dir vor!" Diese machte einen Sprung, schlug erschrocken die Hände über dem Kopf zusammen und schrie: „Hunderttausend Gulden?" „Hunderttausend Gulden!", versicherte Vrenchen ernst. „Das kann nicht wahr sein, Kind. Du lügst mich an!", sagte sie weiter. „Nun glaub nur, was du willst!", entgegnete Vrenchen. „Wenn es wahr ist und du heiratest ihn, was wollt ihr denn mit dem Geld machen? Willst du eine vornehme Frau werden?" „Natürlich, und in drei Wochen findet unsere Hochzeit statt!", sagte Vrenchen. „Geh weg, du bist eine hässliche Lügnerin!"

„Er hat schon das schönste Haus in Seldwyl gekauft. Es hat einen großen Garten und einen Weinberg. Ihr müsst mich unbedingt besuchen, wenn wir eingerichtet sind! Ich warte darauf!" „Weg du Hexe!", sagte die Frau weiter. „Ihr werdet sehen, wie schön es da ist. Ich werde euch einen guten Kaffee machen und euch ein köstliches Eierbrot mit Butter und Honig anbieten!" „Oh ja, rechne damit, dass ich komme!", rief die Frau mit gieri-

1 **aufsperren:** *aufmachen*
2 **mitteilsam:** *bereit zu erzählen*

gem Gesicht. „Wenn ihr aber um die Mittagszeit kommt und müde vom Markt seid, dann bereite ich euch eine kräftige Fleischsuppe mit einem Glas Wein!", fuhr Vrenchen fort. „Ein paar Süßigkeiten für die Kinder zu Hause werden dann auch nicht fehlen. Und ein Stück Seide oder ein hübsches Band für eure Röcke werden wir ebenso finden!"

Die Frau war nun ganz entzückt[1] und schüttelte ihren Rock. „Wenn euer Mann bei einem Viehandel ein gutes Geschäft machen will und ihm dazu das Geld fehlt, dann wisst ihr, wo ihr anklopfen müsst. Mein lieber Sali wird froh sein, ein wenig Bargeld sicher anlegen zu können. Und auch ich werde sicher etwas haben, um einer guten Freundin beizustehen[2]!"

Bei diesen Worten war der Frau nicht mehr zu helfen und sie sagte gerührt: „Ich habe schon immer gesagt, dass du ein gutes Kind bist. Der Herr soll es dir gut ergehen lassen und dir immer helfen! Er wird dich für das Gute segnen!" „Dafür verlange ich aber auch, dass ihr es gut mit mir meint!", sagte Vrenchen. „Da kannst du sicher sein!", entgegnete die Bäuerin. „Ihr müsst euer Obst und euer Gemüse erst zu mir bringen und mir anbieten, bevor ihr auf den Markt geht. Ich möchte eine Bäuerin, auf die ich mich verlassen kann! Das was die anderen für eure Waren geben, werde ich mit Freuden geben. Ihr kennt mich ja! Es ist doch schön, wenn eine wohlhabende[3] Stadtfrau und eine erfahrene Bäuerin eine dauerhafte Freundschaft haben! Oft würde es mir zugute kommen, zum Beispiel bei Hochzeiten, wenn die Kinder gefirmt werden, wenn sie in die Lehre kommen oder wenn sie in die Fremde wollen!"

Die Bäuerin war nun so gerührt, dass sie sich mit ihrer Schürze die nassen Augen trocknete. „Wie klug

1 entzückt: *fasziniert*
2 beistehen: *helfen*
3 wohlhabend: *reich*

und einfühlsam du bist!", sagte die Bäuerin weiter. „Es wird dir sicher gut gehen. Du bist klug, schön, arbeitsam und geschickt in allem! Kein Mensch ist feiner und besser als du. Wer dich hat, der ist im Himmelreich! Hör gut zu, Sali. Sei artig[1] mit meinem Vrenchen. Du bist wirklich ein Glückskind!", fuhr die Frau fort. „Nehmt hier auch noch mein Bündel, wie ihr mir versprochen habt. Bald lasse ich es abholen! Vielleicht komme ich aber selber in der Kutsche vorbei und hole es ab, wenn ihr nichts dagegen habt. Eine Tasse Milch werdet ihr mir schon anbieten und die Mandeltorte werde ich selbst mitbringen!", sagte Vrenchen. „Du Glückskind! Gib mir nur das Bündel!", erwiderte die Bäuerin.

Vrenchen gab der Frau ihr Bündel mit Habseligkeiten. „Das wird mir ja fast zu schwer, da werde ich fast zwei Mal gehen müssen!" „Nein, nein. Wir müssen jetzt sofort gehen, denn wir haben noch einen weiten Weg vor uns! Wir müssen noch vornehme Verwandte besuchen, die sich gemeldet haben, seitdem wir reich sind! Ihr wisst ja, wie das geht!", sagte Vrenchen. „Natürlich, das weiß ich wohl. Gott behüte dich und denk an mich!", entgegnete die Bäuerin und zog mit dem Bündel ab. Hinter ihr ging ihr Knecht, der auf seinen Schultern Vrenchens Bett trug.

Ein köstliches Frühstück

„Worauf warten wir noch?", fragte Vrenchen. „Nichts hält uns mehr zurück!", sagte sie weiter. „Schließ die Haustüre ab! Wem willst du denn den Schlüssel geben?", fragte Sali. Vrenchen sah sich um. „Ich werde ihn hier an diesen Nagel in der Mauer hängen!" Und sie hängten den Hausschlüssel an den rostigen Nagel und liefen davon.

Vrenchen wurde nun ein wenig blass und bedeckte ihre Augen, so dass Sali sie führen musste, bis sie ein paar Schritte vom Haus entfernt waren. Sie sah aber

1 artig: *gut*

nicht zurück, sondern fragte: „Wohin gehen wir zuerst?"
„Wir wollen eine Weile[1] über das Land gehen. Wo es
uns gefällt, da bleiben wir. Eilig haben wir es ja nicht
und am Abend werden wir dann schon einen Tanzplatz
finden!", erwiderte Sali. „Gut! Wir werden den ganzen
Tag zusammenbleiben und dorthin gehen, wo wir Lust
haben. In diesem Moment geht es mir nicht sehr gut.
Gehen wir gleich im nächsten Dorf einen Kaffee trinken!", sagte Vrenchen. „Natürlich! Komm nur, dass wir
aus diesem Dorf wegkommen!", entgegnete Sali.

Bald waren sie auf dem freien Feld und gingen still
nebeneinander her. Es war ein schöner Sonntagmorgen
im September und keine Wolke war am Himmel zu
sehen. Von allen Seiten hörte man die Kirchenglocken
läuten. Das Paar vergaß, was am Ende dieses Tages
geschehen würde und gab sich nur der Freude hin, sauber gekleidet zu sein und frei den Sonntag zu genießen.
Obwohl sie hungrig waren, kam ihnen die halbe Stunde
bis zum Dorf wie ein Katzensprung[2] vor. Zögernd betraten sie das Wirtshaus am Eingang des Ortes. Sie setzten
sich und Sali bestellte ein gutes Frühstück. Während es
vorbereitet wurde, beobachteten sie neugierig die freundliche Wirtschaft in der sauberen Gaststube. Der Wirt war
gleichzeitig ein Bäcker und das Gebackene duftete[3] angenehm durch das ganze Haus. Nun wurde das Brot in den
Körben hereingetragen und auf die Tische gestellt. Nach
der Kirche holten sich hier die Leute ihr Weißbrot oder
tranken ihren Frühschoppen[4]. Die Wirtin, eine freundliche und saubere Frau, richtete ihre Kinder her und ließ
sie dann spielen. Eines ihrer Kinder kam sofort zutrau-
lich zu Vrenchen gelaufen und zeigte ihr gleich alle ihre
Habseligkeiten und erzählte ihr von ihren Freuden. Nun

1 eine Weile: *ein bisschen*
2 r Katzensprung: *ein kurzes Stück*
3 duften: *riechen*
4 r Frühschoppen: *s Getränk am Vormittag*

wurde der duftende Kaffee gebracht und die zwei flüsterten bescheiden, aber glücklich miteinander.

Wie gut schmeckte Vrenchen der frische Kaffee, die warmen Brötchen, die Butter und der Eierkuchen! Sie aß vergnügt all die Leckerbissen, die da waren und sie aß, als hätte sie ein Jahr lang gefastet. Sie freute sich über das feine Geschirr und über die silbernen Kaffeelöffel.

Die Wirtin hielt das Paar für anständige junge Leute und bediente sie anständig. Ab und zu setzte sie sich zu Vrenchen und Sali, um mit ihnen zu plaudern. Vrenchen fühlte sich wohl in der gastlichen Stube und sie träumte, sie wäre an einem gemütlichen Ort zu Hause. Sie wusste nicht, ob sie lieber noch in der Gaststube sitzen bleiben wollte, oder mit ihrem Schatz durch die Wälder und Felder spazieren. Sali erleichterte ihr die Wahl, denn er mahnte geschäftig zum Aufbruch, so als ob sie einen wichtigen Weg zu machen hätten.

Blauer Himmel

Der Wirt und die Wirtin begleiteten sie bis vor das Haus und verabschiedeten sich von dem jungen Paar. Auch Sali und Vrenchen verabschiedeten sich mit guten Manieren von den Wirtsleuten und gingen davon. Auch nachdem sie schon eine Weile gegangen waren und einen Eichenwald betraten, gingen sie immer noch in dieser Weise nebeneinander her. Sie waren in angenehme Träume vertieft, so als kämen sie nicht aus zerbrochenen Familien.

Vrenchen senkte ihren Kopf tiefsinnig[1] gegen ihre blumengeschmückte Brust. Sie ging, indem sie ihre Hände sorgsam an ihr Kleid legte. Sali hingegen ging schnell und nachdenklich, indem er seine Augen fest auf die Eichenstämme richtete. Endlich erwachten sie aus diesen Träumen und sie sahen sich an. Sie entdeckten, dass sie immer noch in der gleichen Haltung gin-

---

1 **tiefsinnig:** *in Gedanken*

gen, in der sie das Gasthaus verlassen hatten. Sie erröteten und ließen traurig ihre Köpfe hängen.

Aber der Himmel war blau, sie waren allein in der weiten Welt und deshalb überließen sie sich wieder ihren jugendlichen Gefühlen. Sie blieben jedoch nicht mehr lange allein, denn die schöne Waldstraße belebte sich mit jungen Leuten, mit jungen Paaren, welche schäkernd[1] und singend die Zeit nach der Kirche verbrachten. Denn auch die Landleute haben ihre Promenaden so wie die Stadtleute. Der Unterschied ist der, dass die Promenaden hier schöner sind.

Als Sali und Vrenchen die vielen Spaziergänger sahen, lachten sie sich ins Fäustchen und freuten sich, auch ein Paar zu sein. Sie schlüpften aber auf engere Waldpfade, wo sie sich in ihre Einsamkeit verloren. Sie blieben stehen, wo es sie freute und sie rasteten, wenn sie müde waren. Es war keine Wolke am Himmel und auch ihre Stimmung war ungetrübt. Sie vergaßen, woher sie kamen und wohin sie gingen und trotz aller Bewegung blieb Vrenchens feiner Aufputz völlig frisch und sauber wie am Morgen. Sali sah sein Vrenchen immer wieder zärtlich und respektvoll an.

Vom vielen Gehen wurden sie wieder hungrig und sie freuten sich, als sie auf der Anhöhe ein Dorf vor sich sahen. Dort wollten sie zu Mittag essen. Es war niemand herum, der sie erkannt hätte, denn besonders Vrenchen war die letzten Jahre nicht mehr unter Leuten und in keinem Dorf gewesen. Deshalb sahen sie aus wie ein normales Pärchen, das den sonntäglichen Spaziergang machte.

Das Mittagsmahl

Sie gingen in das erste Wirtshaus im Dorf und bestellten ein köstliches Mittagessen. Man deckte ihnen einen eigenen Tisch und Vrenchen und Sali setzten sich wie-

---

1 schäkern: *scherzen, flirten*

der bescheiden. Sie schauten die schön getäfelten[1] Holzwände an und die weißen Fenstervorhänge. Nun kam die Wirtin und stellte eine Vase mit frischen Blumen auf den Tisch. „Bis die Suppe kommt, könnt ihr eure Augen an dem schönen Strauß sättigen. Wenn ich fragen darf, dann seid ihr sicher ein Paar, das in die Stadt geht, um sich morgen trauen zu lassen?" Vrenchen wurde rot im Gesicht und wagte nicht aufzuschauen. Sali sagte auch nichts und so fuhr die Wirtin fort: „Ja, ihr seid freilich noch jung, aber jung geheiratet lebt länger, so sagt man gewöhnlich! Ihr seht wenigstens hübsch und brav aus und müsst euch nicht verbergen[2]. Junge Leute bringen viel zu Stande[3], wenn sie fleißig und treu sind. Das muss man freilich sein, denn die Zeit ist kurz, aber trotzdem lang und es kommen noch viele Tage! Ich möchte nicht neugierig sein, aber es ist schön euch anzuschauen!" Die Kellnerin brachte nun die Suppe, und da sie die letzten Worte noch gehört hatte und selber gern geheiratet hätte, sah sie Vrenchen mit eifersüchtigen Augen an. In der Nebenstube ließ die junge Frau ihren Unmut los und sagte zur Wirtin so laut, dass man es hören konnte: „Das sind mir zwei rechte Leute, die da in die Stadt laufen und sich trauen lassen, ohne einen Pfennig[4], ohne Freunde, ohne Aussteuer, nur mit der Aussicht auf Armut und Bettelei! Wo soll das alles hin, wenn solche Dinger heiraten, die nicht einmal eine Suppe kochen können! Der schöne junge Bursche ist gut bedient mit diesem jungen Weib!" „Pscht! Sei ruhig, du gehässiges[5] Weib. Das sind zwei ordentliche Leute aus den Bergen, wo die Fabriken sind. Sie sind zwar dürftig angezogen, aber sauber. Und wenn sie sich gern

1 **getäfelt:** *mit Holz verkleidete Wand*
2 **verbergen:** *verstecken*
3 **zu Stande bringen:** *erreichen*
4 **ohne Pfennig:** *ohne Geld*
5 **gehässig:** *voll Hass*

haben und arbeitsam sind, dann bringen sie es sicher weiter als du mit deinem bösen Mund! Du kannst sicher noch lange warten, bis dich einer holt, wenn du nicht freundlicher wirst, du Essiggurke!"

So genoss Vrenchen alle Freuden einer Braut, die zur Hochzeit reist: die wohlwollende Ansprache einer klugen Frau, den Neid einer bösen Person und das köstliche Mittagessen an der Seite ihres Geliebten. Vrenchens Herz klopfte, aber sie aß und trank mit bestem Appetit. Sie saßen lange bei Tisch und zum Nachtisch brachte die Wirtin noch ein paar Süßigkeiten. Sali bestellte einen feinen Wein dazu, der ziemlich stark war und der Vrenchen sofort in den Kopf stieg, als sie ein wenig davon trank. Sie nahm sich in Acht und nippte nur manchmal von dem Wein. Sie saß so verschämt da wie eine wirkliche Braut. Halb spielte sie diese Rolle aus Spaß und Lust, um zu probieren, wie es wirklich als Braut wäre. Und halb war ihr wirklich so zumute und vor lauter Angst und heißer Liebe wollte ihr beinahe das Herz brechen. Es wurde ihr zu eng innerhalb der vier Wände und sie wollte gehen.

Geschenke

Es war fast so, als würden sie sich fürchten, auf dem Weg wieder so abseits und allein dahinzuwandern. Sie gingen also auf der Hauptstraße weiter, mitten durch die Leute durch und sie schauten weder links noch rechts.

Als sie jedoch aus dem Dorf heraus waren und auf das nächste zugingen, flüsterte Vrenchen mit zitternden Worten: „Sali! Warum wollen wir uns nicht haben und glücklich sein?" „Ich weiß auch nicht, warum!", erwiderte er und schaute in die Sonne. Sie standen still da, um sich zu küssen; da jedoch Leute kamen, unterließen[1] sie es.

In dem Dorf war Kirchweih und es belebte sich

---

1 **unterlassen:** *etwas nicht tun*

schon mit Leuten. Aus dem Gasthof hörte man Tanzmusik, denn hier begannen die jungen Dörfler schon zu Mittag mit dem Tanz. Auf dem Platz vor dem Gasthaus war ein kleiner Markt, wo man Süßigkeiten und Backwerk[1] kaufen konnte. Auch Sali und Vrenchen gingen zu den Tischen und schauten die Köstlichkeiten an. Beide hatten sie die Hände in der Tasche, denn jeder wollte dem anderen etwas schenken. Sali kaufte ein großes Lebkuchenhaus mit einem grünen Dach, auf dem weiße Tauben saßen. Am offenen Fenster umarten sich zwei Verliebte, die sich küssten. Auf der rosa Haustüre standen folgende Verse:

> *Tritt in mein Haus, o Liebste!*
> *Doch sei Dir unverhehlt:*
> *Drin wird allein nach Küssen*
> *Gerechnet und gezählt.*
>
> *Die Liebste Sprach: O Liebster,*
> *Mich schrecket nichts zurück!*
> *Hab alles wohl erwogen:*
> *In Dir nur lebt mein Glück!*
>
> *Und wenn ich's recht bedenke,*
> *Kam ich deswegen auch!"*
> *Nun denn, spazier mit Segen*
> *Herein und üb den Brauch!*

Vrenchen hingegen schenkte Sali ein Herz und auf einer Seite klebte ein Zettelchen mit den Worten:

> *Ein süßer Mandelkern steckt in dem Herze hier,*
> *Doch süßer als der Mandelkern ist meine Lieb zu dir!*

Auf der anderen Seite stand:

> *Wenn Du dies Herz gegessen, vergiss dies Sprüchlein nicht:*
> *Viel eher als meine Liebe mein braunes Auge bricht!*

1   s **Backwerk:** *Kuchen und Kekse*

Sie lasen ganz vertieft die Sprüche und niemals hatten sie einen Reim schöner empfunden als heute diese Lebkuchensprüche. Sie hielten die Reime speziell für sich gemacht, so gut passten sie. „Ach!", seufzte Vrenchen. „Du schenkst mir ein Haus! Ich habe dir auch eines geschenkt, denn unser Herz ist nun unser Haus. Drinnen wohnen wir und wir tragen unsere Wohnung mit uns, so wie die Schnecken! Ein anderes haben wir nicht!" „Ja, dann sind wir zwei Schnecken, von denen jede das Häuschen des anderen trägt!", sagte Sali.

Sie lasen auch die Sprüche, die auf den anderen Herzen standen und alle passten zu ihnen.

Mitleid

Während sie so ins Lesen vertieft waren, nahm jeder die Gelegenheit wahr, etwas heimlich für den anderen zu kaufen. Sali kaufte für Vrenchen ein vergoldetes Ringlein mit einem grünen Glassteinchen. Vrenchen kaufte Sali einen Ring aus schwarzem Gämshorn, auf dem ein goldenes Vergissmeinnicht[1] eingelegt war. Wahrscheinlich hatten sie die gleiche Idee, sich dieses Zeichen bei ihrer Trennung zu schenken.

Sie waren so vertieft, dass sie nicht bemerkten, wie sich ein Ring von neugierigen Leuten um sie bildete. Es standen viele Mädchen und Burschen aus ihrem Dorf herum, die Vrenchen und Sali erkannten. Sie standen in einiger Entfernung und sahen verwundert das sauber hergerichtete Paar, das die Welt um sich zu vergessen schien. „Seht nur! Das ist ja das Vrenchen Marti und der Sali aus der Stadt! Die zwei haben sich gefunden und verbunden! Und welche Zärtlichkeit und Freundschaft, die sie verbindet! Wo das wohl noch hinführt?"

Die Verwunderung der Zuschauer war eine Mischung aus Mitleid mit dem Unglück und aus der Verachtung vor der Schlechtigkeit der Eltern. Ebenso war da der Neid

1   s Vergissmeinnicht: *eine Blume*

auf das Glück des Paares zu spüren. Als Vrenchen und Sali endlich aufwachten und um sich schauten, sahen sie nichts als neugierige Gesichter von allen Seiten. Niemand grüßte sie und auch sie wussten nicht, ob sie grüßen sollten oder nicht. Diese Unfreundlichkeit war von beiden Seiten mehr eine Verlegenheit als eine Absicht. Vrenchen fühlte sich unwohl und sie wurde blass und rot im Gesicht. Sali nahm sie bei der Hand und führte sie weg. Vrenchen folgte ihm mit dem Haus in der Hand, obwohl sie so gerne tanzen wollte. „Hier können wir nicht tanzen!", sagte Sali. „Hier hätten wir wenig Freude, wie es scheint!", sagte er weiter. Vrenchen sagte traurig: „Es ist überhaupt das Beste, wir lassen es bleiben und ich suche mir eine Unterkunft!" „Nein!", rief Sali. „Du sollst tanzen. Ich habe dir deswegen auch die Schuhe mitgebracht! Wir gehen dorthin, wo sich das arme Volk vergnügt. Da wird uns niemand verachten. Im Paradiesgärtchen tanzt man auch, wenn hier Kirchweih ist. Da gehen wir hin, und da kannst du auch zur Not übernachten."

Vrenchen wurde ganz übel bei dem Gedanken, zum ersten Mal an einem unbekannten Ort zu übernachten. Doch sie folgte Sali, der jetzt alles war, was sie in der Welt hatte. Das Paradiesgärtlein war ein Wirtshaus, das auf einem einsamen Berghang lag. An solchen Festtagen vergnügten sich dort nur die ärmeren Leute, die Kinder der kleinen Bauern und die Taglöhner[1]. Um das Haus herum standen verwilderte Kastanienbäume und Rosenbüsche.

Sali und Vrenchen sahen schon von weitem die tanzenden Paare unter dem offenen Dach. Um das Haus herum lärmten eine Menge von vergnügungssüchtigen Leuten. Als Vrenchen die Musik hörte, wollte sie nur mehr mit Sali tanzen. Sie drängten sich durch die Gäste, die vor dem Haus saßen; es waren arme und schlampige Leute aus Seldwyla. Sie stiegen die Treppe hinauf und sogleich drehten sie sich mit der Walzermusik. Sie

---

1 r Taglöhner: *jemand ohne feste Arbeit*

ließen keinen Blick voneinander und erst als der Walzer zu Ende war, sahen sie sich im Saal um.

Beim Tanz

In diesem Moment erschrak sie, denn plötzlich sah sie den schwarzen Geiger vor sich. Er saß auf einer Bank, die auf einem Tisch stand. Er sah so schwarz aus wie immer. Heute hatte er jedoch einen grünen Tannenzweig in seinem Hut stecken. Vor seinen Füßen stand eine Flasche Rotwein und ein Glas. Neben ihm saß ein fescher, aber trauriger junger Mann mit einem Waldhorn und ein Buckliger stand an einer Bassgeige. Sali erschrak ebenso wie Vrenchen, als er den Geiger sah. Dieser aber grüßte freundlich herüber und rief: „Ich habe doch gewusst, dass ich euch ein Mal aufspielen werde! Seid nur lustig und gebt mir Bescheid, wenn ich spielen soll!" Er bot Sali das volle Glas an. Er trank und gab ihm dann Bescheid. Als der Geiger sah, wie erschrocken Vrenchen war, sagte er ihnen freundliche Worte und machte einige Scherze, die sie zum Lachen brachten. Sie waren wieder guten Mutes und irgendwie froh, hier einen Bekannten zu haben und gewissermaßen unter dem Schutz des Geigers zu stehen. Sie tanzten nun pausenlos und vergaßen die Welt um sich. Sie tanzten, bis es dunkel wurde und der größte Teil der lustigen Gäste sich langsam entfernte. Zurück blieben nur die Leute ohne Dach über dem Kopf, die sich nun eine gute Nacht machen wollten. Unter diesen Leuten waren einige, die mit dem Geiger gut bekannt waren. Besonders fiel ihnen ein junger Bursche auf, der eine grüne Jacke trug und einen zerknitterten Strohhut, um den er einen Kranz aus Vogelbeeren gebunden hatte. Er hatte eine wilde Person bei sich, die auf dem Kopf ein paar Weintrauben hängen hatte. Es waren auch noch andere komische Leute da, die zur späten Stunde lustig und ausgelassen waren.

Als es völlig dunkel war, wollte der Wirt keine Lichter anzünden. Er behauptete, der Wind lösche sie aus und auch ginge der Vollmond bald auf. Das wurde von den Leuten mit Wohlgefallen[1] aufgenommen und sie stellten sich alle an die Brüstung des Saals, um den Aufgang des Mondes zu betrachten. Sobald der Mond aufgegangen war und sein Licht durch den Saal warf, tanzten sie im Mondschein weiter. Das seltsame Licht machte alle vertrauter und so mischten sich Sali und Vrenchen unter die Menge und tanzten auch mit den anderen. Jedes Mal, wenn sie ein Weilchen getrennt waren, feierten sie ein Wiedersehen, als ob sie sich jahrelang nicht gesehen hätten. Sali machte immer ein verärgertes Gesicht, wenn er mit einer anderen tanzte und er drehte das Gesicht zu Vrenchen hin. „Bist du eifersüchtig, Sali?", fragte sie Sali, als die Musikanten mit ihrem Spiel aufhörten. „Aber nein, ich wüsste nicht, wie ich es machen sollte!", antwortete er ihr. „Warum bist du denn so böse, wenn ich mit anderen tanze?", fragte Vrenchen weiter. „Ich bin nicht darüber böse, sondern weil ich mit anderen tanzen muss! Ich kann kein anderes Mädchen ausstehen[2], es kommt mir vor, als hätte ich ein Stück Holz im Arm, wenn du es nicht bist! Und du, wie geht es dir?", fragte Sali. „Oh, ich fühle mich wie im siebten Himmel, und wenn ich nur tanze und weiß, dass du hier bist! Ich glaube, ich würde tot umfallen, wenn du weggingest und mich hier ließest!"

Zweifel über die Zukunft

Sie waren inzwischen hinuntergegangen und standen nun vor dem Haus. Vrenchen schmiegte sich eng an Sali und drückte ihre heiße Wange, die von Tränen feucht war, an sein Gesicht. Schluchzend sagte sie: „Wir können nicht zusammen sein, nie können wir zusammen sein! Ich kann aber nicht von dir lassen, keinen Augen-

1 s Wohlgefallen: *e Zufriedenheit*
2 ausstehen: *mögen*

blick mehr, nicht eine Minute!" Sali umarmte sein Vrenchen fest und bedeckte ihr Gesicht mit Küssen. Seine Gedanken waren wirr[1] und er suchte nach einem Ausweg[2], den er aber nicht fand. Da war seine Jugend und unerfahrene Leidenschaft, die eine lange Zeit der Prüfung und Entsagung nicht überstehen konnte. Da war auch noch Vrenchens Vater, der durch ihn wahnsinnig geworden war. In ihm und ebenso in Vrenchen war das Gefühl lebendig, nur in einer ganz ehrlichen Ehe glücklich sein zu können. Sie erinnerten sich an ihre glücklichen Kinderjahre, wo ihre Väter wie die anderen ausgesehen hatten und geachtete[3] Bauern waren. Dann waren sie viele Jahre lang getrennt gewesen, und als sie sich wieder fanden, sahen sie zugleich das verschwundene Glück ihres Hauses. Sie wollten so gern fröhlich und glücklich sein, aber nur auf einer guten Basis, die ihnen aber unerreichbar schien. „Nun ist es ganz dunkel!", rief Vrenchen. „Und wir müssen uns trennen!" „Ich soll nach Hause gehen und dich hier allein lassen?", rief Sali. „Nein, das kann ich nicht. Dann wird es Tag und es ist auch nicht besser geworden!"

„Ich will euch einen Rat geben, ihr Narren!", hörten sie plötzlich rufen. Der Geiger stand hinter ihnen. „Da steht ihr und wisst nicht, wohin ihr gehen sollt. Ich rate euch, nehmt euch wie ihr seid und vertut keine Zeit! Kommt mit uns in die Berge, denn da braucht ihr keinen Pfarrer, kein Geld, keine Ehre und auch kein Bett! Es ist nicht übel bei uns. Es gibt eine gesunde Luft und genug zu essen. Die Wälder sind unser Haus und dort haben wir uns lieb, wie es uns gefällt. Im Winter machen wir uns ein warmes Nest oder schlüpfen zu den Bauern ins warme Heu! Also, haltet gleich hier Hochzeit und kommt mit uns. Dann seid ihr alle Sorgen los und habt

1 wirr: *konfus*
2 r Ausweg: *e Lösung*
3 geachtet: *geschätzt, respektiert*

euch für immer und ewiglich!" Er sagte das in einem aufrichtigen Ton. Und weiter sagte er: „Denkt darüber nach und kommt dann mit mir. Denkt an das lustige Hochzeitsbett im tiefen Wald oder im Heu, wenn es kalt ist!" Nach diesen Worten ging er ins Haus.

Vrenchen zitterte in Salis Armen und er sagte: „Was sagst du dazu? Es kommt mir nicht übel vor, die ganze Welt in den Wind zu schlagen und uns ohne Schranken zu lieben!" Sali sagte das eher in einem verzweifelten Schmerz als im Ernst. Beide waren sehr verwirrt, denn die Rede des Geigers hatte sie noch ratloser gemacht. Mit stockender Stimme sagte Sali: „Komm herein, wir müssen wenigstens noch was essen und trinken." Sie gingen also in die Gaststube, wo nur mehr die kleine Gesellschaft war, die bereits[1] bei Tisch saß. „Da kommt unser Hochzeitspaar!", rief der Geiger. Er lud sie zu seinem Tisch und Sali und Vrenchen waren irgendwie froh, unter Leuten zu sein. Bei Wein und Essen saßen sie umschlungen da und beobachteten die Fröhlichkeit und das Treiben der jungen Leute. Plötzlich bat der Geiger um Ruhe und führte eine spaßhafte Zeremonie auf, welche eine Trauung sein sollte. Sali und Vrenchen mussten sich die Hände geben und der Reihe nach beglückwünschte die Runde das Paar. Sie ließen es geschehen und dabei sagten sie kein Wort. Sie betrachteten es als einen Spaß, aber trotzdem war ihnen ganz ungut zumute.

Der Geiger mahnte zum Aufbruch: „Mitternacht ist vorüber und wir haben noch einen weiten Weg! Auf, wir geben dem Hochzeitspaar das Geleit[2] und ich geige dazu!" Die zwei wussten nichts Besseres und ließen es wieder geschehen. Der Geiger spielte wie besessen und lief den Berg hinunter; die anderen lachten, sangen und sprangen hinterher. So kamen sie auch durch Salis und Vrenchens Heimatdorf, dessen Bewohner schon längst schliefen. Als

1 bereits: *schon*
2 s Geleit geben: *begleiten*

sie an ihren Vaterhäusern vorbeikamen, ergriff sie plötzlich eine wilde Laune und sie tanzten mit den anderen, küssten sich, lachten und weinten. Sie tanzten auf den Hügel hinauf , wo die drei Äcker lagen und der schwarze Kerl sprang ganz wild herum. Sali nahm nun Vrenchen fest in den Arm und zwang sie still zu stehen. Er küsste sie heftig auf den Mund, damit sie still sei. Sie hatte sich nämlich ganz vergessen und laut gesungen. Vrenchen verstand Sali und sie standen still, bis die laute Gesellschaft sich immer weiter entfernte, ohne sie zu vermissen.

Viele Fragen und der Ausweg

„Diesen sind wir entkommen[1], aber was machen wir jetzt?", fragte Sali. Vrenchen war unfähig zu antworten und hing schwer an Salis Hals. „Soll ich dich nicht lieber ins Dorf zurückbringen und Leute wecken, dass sie dich aufnehmen? Morgen kannst du ja wegziehen und es wird dir gut ergehen!" „Weggehen ohne dich?" „Du musst mich vergessen, Vrenchen!" „Das kann ich nie! Oder könntest du es?" „Darauf kommt es jetzt nicht an, mein Schatz!", sagte Sali und streichelte ihre heißen Wangen. Es geht jetzt nur um dich, du bist noch ganz jung und es kann dir überall gut gehen!" Sali zog Vrenchen mit sich weg, aber schon nach ein paar Schritten blieben sie wieder stehen, um sich zu umarmen. Plötzlich fiel Vrenchen etwas ein und sie holte den Ring aus ihrer Kleidtasche, den sie Sali an den Finger steckte. Auch Sali holte sein Ringlein und steckte es Vrenchen an den Finger. „Was für ein feiner Ring!", sagte sie lachend. „Nun sind wir verlobt und du bist mein Mann und ich bin deine Frau. Lass uns das nur einen Augenblick denken! Küss mich zwölf Mal!" Sie umarten und küssten sich stürmisch und Sali sagte leise: „Es gibt nur eins für uns, Vrenchen. Wir halten jetzt Hochzeit und gehen dann aus der Welt. Dort ist das tiefe Wasser und dort trennt uns niemand

1 entkommen: *fliehen*

mehr." „Sali, was du da sagst, habe ich schon lange gedacht. Würden wir zusammen sterben, dann wäre alles vorbei! Schwör mir, dass du es mit mir machen wirst!"

Leicht sprangen sie über das Feld zum Fluss hinunter. Sie suchten einen Platz, um sich niederzulassen[1]. Ihre Leidenschaft hatte nur mehr den Rausch der Seligkeit vor Augen, der in ihrer Vereinigung lag. Was danach kam, war jetzt nicht mehr wichtig und sie dachten nicht daran. Sie waren an einen Weg gekommen, der vom Dorf zum Fluss führte. Hier lag ein Schiff angebunden, das hoch mit Heu beladen war. In wilder Laune begann Sali die starken Seile loszubinden. Sali hob Vrenchen mit seinen Armen hinauf und schwang sich nach. Als sie oben auf dem Heu saßen, trieb das Schiff langsam in die Mitte des Stromes hinaus und fuhr dann langsam ins Tal hinunter. Am Morgen fand man das Schiff unbeschädigt an einer Brücke stehen. Die Leichname von Vrenchen und Sali, die sich fest umschlungen hielten, fand man ebenso am nächsten Morgen im Fluss. 🎧

---

1 sich niederlassen: *sich setzen*

Die zwei Bauern

1. Richtig oder falsch?

	R	F
a) Das Dorf, in dem Romeo und Julia wohnen, ist von drei Äckern umgeben.	☐	☐
b) Die zwei Bauern pflügten den mittleren, brachen Acker.	☐	☐
c) Die zwei Männer konzentrierten sich ganz auf ihre Arbeit.	☐	☐
d) Sie unterschieden sich nur durch die Besonderheit ihrer Hosen.	☐	☐
e) Der Junge und das Mädchen waren die Kinder der Bauern.	☐	☐
f) Im Rucksack hatten sie die Vormittagsimbiss für ihre Väter.	☐	☐
g) Die zwei Kinder brachten Brote, ein paar Äpfel und Birnen und eine Kanne Wein.	☐	☐

2. Beantworte folgende Fragen!

a) Wie war die Atmosphäre, als die zwei Bauern ihre Äcker pflügten?

....

....

b) Was wissen wir bis jetzt über den mittleren Acker?

....

....

Der verlassene Acker

1. **In diesem Kapitel findest du weitere Informationen zum brachen Acker. Fasse sie zusammen!**

   ....
   ....
   ....
   ....
   ....
   ....
   ....

2. **Was ist... ?**

a) ein Pflug: ....

   ....

b) ein Acker: ....

   ....

c) das Heimatrecht: ....

   ....

Die zwei Kinder

1. **Forme die Sätze um, indem du den Konjunktiv II verwendest!**

a) Der wilde Acker hatte Steine und viel Unkraut. Er war für sie interessant.

   Wenn der wilde Acker keine Steine und kein Unkraut gehabt hätte, wäre er für die Kinder nicht interessant gewesen.

b) Der Junge hatte einen Stein. Damit warf er die Puppe von der Distel herunter.

....

....

c) Die zwei Kinder spielten mit der Puppe. Sie wurde beschädigt.

....

....

d) Das Spiel mit der Puppe war unheimlich. Die Kinder entfernten sich von diesem Platz.

....

....

Der Anfang des Unglücks

1. Beantworte die folgenden Fragen!

a) Was machte der Bauer Marti im brachen Acker?

....

....

....

b) Warum war diese „Aktion" des Bauern der Beginn des Unglücks?

....

....

....

c) Was passierte mit den Steinen im Acker?

....

....

....

d) Wofür ist der Steinkamm ein Symbol?

....

....

....

....

e) Was sollte mit dem brachen Acker passieren?

....

....

....

f) Warum interessierten sich nur die zwei Bauern für den Acker?

....

....

....

Der Streit

1. Was bedeuten die folgenden Wörter? Suche eine Erklärung!

a) hartnäckig: ....

....

b) überzeugt sein: ....

....

c) unvernünftig: ....

....

d) merkwürdig: ....

....

e) s Gerede: ....

....

Die Steine

1. **Lies dieses Kapitel noch einmal und beschreibe kurz, wie es zu der Steinpyramide gekommen ist!**

   ....
   ....
   ....
   ....
   ....
   ....
   ....

2. **Beende die Sätze! Welche Konjunktion passt:** *damit* **oder** *um zu*?

a) Der Bauer Manz schickte seinen Sohn Sali und zwei Dienstleute auf den Acker, **damit sie das Unkraut ausrissen.**

b) Er ließ das Unkraut auf einen Haufen bringen, ...
   ....
   ....

c) Die Kinder trugen das Unkraut zu einem Haufen zusammen, ...
   ....

d) Gegen Abend kam der Bauer Manz, ...
   ....

e) Der Bauer pfiff zu seiner Tochter, ...
   ....

f) Manz ließ die Steinpyramide am Dreieck abwerfen, ...
   ....

60

Der Hass wird größer

1. Beantworte die folgenden Fragen!

a) Was war der konkrete Grund, warum die Bauern Manz und Marti im Streit lagen?

....
....
....
....

b) Inwiefern nahmen die Spekulanten von Seldwyla am Streit teil?

....
....
....
....

c) Wie verbrachten die Bauern ihre Zeit?

....
....
....
....

d) Wie war die Situation nach zehn Jahren?

....
....
....
....

e) Wie reagierten die Ehefrauen der Bauern auf diese schlimme Situation?

....
....
....

Sali und Vrenchen

1. **Wie war die Lage der Kinder Sali und Vrenchen? Was wissen wir über sie, ihr Aussehen, ihren Charakter und ihre Gefühle?**
   Mach eine Beschreibung!

   a) Sali: ....
   ....
   ....
   ....

   b) Vrenchen: ....
   ....
   ....
   ....

Der Umzug in die Stadt

1. **Bring zuerst die Hauptsätze in die richtige Reihenfolge! Verbinde sie dann mit dem passenden Nebensatz!**

   a) Die Bäuerin Manz zog ihr bestes Kleid an,
   b) Sie freute sich auf den Gasthof,
   c) Eines Tages verließ die Familie Manz ihren Hof,
   d) Die Familie Manz schämte sich wegen des alten Hausrates,
   e) Sali ging schnell voraus,
   f) Mit Schrecken sahen sie die Gaststube,
   g) Sali schämte sich,
   h) Die Leute kamen neugierig aus ihren Häusern,

A) die dunkel und unfreundlich war.

B) den sie nun ausladen musste.

C) aber er musste die Sachen ausladen.

D) weil sie sich schon als zukünftige Stadtfrau fühlte.

E) um in der Stadt ein Gasthaus zu führen.

F) in dem sie ihre Gäste bezaubern wollte.

G) denn sie wollten den neuen Bauernwirt sehen.

H) während seine Eltern auf das Fuhrwerk stiegen.

Schreib hier die richtigen Kombinationen auf!

....

....

2. Wie heißt das Gegenteil?

a) traurig ....

b) e Klugheit ....

c) sich in Bewegung setzen ....

d) drinnen ....

e) trübselig ....

f) feucht ....

g) r Ankommende ....

h) ausladen ....

Das Leben im Gasthaus

1. Der Bauer Manz fühlte sich in seiner Rolle als Wirt sichtlich unwohl und unfähig. Er wurde immer deprimierter, denn niemand kam mehr in den Gasthof. Bald war die Familie ganz verarmt

und Manz widmete sich schließlich der Fischerei, um auf diese Weise etwas Essbares aufzutreiben. Versetz dich in die Rolle des Bauern und schreib einen fiktiven Brief an den Bauern Marti, in dem er Marti für sein Unglück verantwortlich macht!

....
....
....
....
....
....
....
....

Die Begegnung am Fluss

1. Beantworte die folgenden Fragen!

a) Bauer Marti: Wie war seine Situation? Wie verdiente er sich sein tägliches Brot? Was dachte er über die Situation von Manz?

....
....
....

b) Vrenchen: Wie schaute sie aus? Was machte sie am Fluss? Wie fühlte sie sich angesichts des Streites der beiden Männer?

....
....
....

2. Setz die richtige Präposition und den Artikel ein! Achte auf den richtigen Fall!

an – auf – in – über

a) Marti war .... Land geblieben, aber auch ihm ging es immer schlimmer.

b) Eines Tages trafen sich die zwei Bauern .... Ufer eines Baches.

c) „Kommst auch du bald .... Stadt, du Hund?", sagte Manz zornig.

d) Als Vrenchen Sali sah, schaute sie beschämt ...... Boden.

e) .... Gesicht hingen braune, lockige Haare.

f) Den Fischeimer, ihre Strümpfe und Schuhe hatte sie .... Hand.

g) Wütend liefen die beiden Männer zu einem Steg, der .... Bach führte.

h) Sie waren nun ...... kleinen Brücke und schlugen wild aufeinander ein.

i) Jeder wollte den anderen .... Wasser stoßen.

Verliebte Gedanken

1. Nachdem Sali Vrenchen am Fluss getroffen hatte, war sein Leben verändert. Beschreib seine Gefühle!

....

....

....

....

Das Wiedersehen

1. **Erkläre folgende Wendungen mit deinen eigenen Worten!**

a) üble Sachen vorhaben: ....

....

b) mit einem bösen Blick jemanden von oben bis unten messen: ....

....

c) er schlich sich um das Dorf herum: ....

....

d) in Gedanken verloren: ....

....

e) dem anderen etwas anhängen wollen: ....

....

2. **Wie verlief das Wiedersehen zwischen Sali und Vrenchen? Welche Gefühle hatten sie?**

....

....

....

....

....

....

....

....

....

....

....

....

Der schwarze Geiger

1. **Der schwarze Geiger steht plötzlich vor Sali und Vrenchen und sagt ihnen einiges zu seiner Person. Verwandle folgende Aussagen in die indirekte Rede und verwende dabei den Konjunktiv I!**

a) „Ich weiß, wer ihr seid!", sagte der Geiger
   Der Geiger sagte, er wisse, wer sie seien.

b) „Ihr seid die Kinder der zwei Bauern, die mir vor Jahren diesen Boden hier gestohlen haben!"
   ....
   ....

c) „Seht mich nur an, ihr zwei!"
   ....

d) „Eure Väter kennen mich gut und jeder im Dorf weiß, wer ich bin."
   ....
   ....

e) „Ich habe mich zwanzig Mal gemeldet, aber ich habe keinen Taufschein und keinen Heimatschein."
   ....
   ....

f) „ Meine Freunde haben kein gültiges Zeugnis."
   ....
   ....

g) „Wenn ihr tanzen wollt, dann spiele ich euch mit meiner Geige!"
   ....
   ....

Glückliches Zusammensein

1. **Situation: Du triffst nach vielen Jahren einen Freund/ eine Freundin aus der Kindheit und ihr verliebt euch sofort ineinander. Was sagt ihr euch? Schreib einen Dialog!**

   ....
   ....
   ....
   ....
   ....
   ....
   ....

Der Sturz

1. **Was kann man auch sagen?**
   unbeweglich – schlagen – sich beschimpfen – sich keinen Rat wissen – keine Zukunft haben

   a) Sali war ratlos.

   ....

   b) Es ist für immer aus!

   ....

   c) Er misshandelte sie.

   ....

   d) Sie standen wie versteinert da.

   ....

   e) Sie warfen sich viele Schimpfworte an den Kopf.

   ....

2. Richtig oder falsch?

		R	F
a)	Vrenchens Vater suchte seine Tochter auf dem Acker.	☐	☐
b)	Der Vater war froh, als er Sali sah.	☐	☐
c)	Der Bauer Marti gab seiner Tochter eine Ohrfeige und zog an ihren Haaren.	☐	☐
d)	Sali schlug dem Bauern einen Stein auf den Kopf.	☐	☐
e)	Marti war tot.	☐	☐
f)	Auf dem Weg in das Dorf traf Sali einen Jungen, der Hilfe holte.	☐	☐
g)	Von zwei Leuten erfuhr Sali, dass Marti noch lebte.	☐	☐
h)	Sali ging gleich zu Vrenchen, um sie zu trösten.	☐	☐

Die Fahrt ins Hospiz

1. Beantworte die folgenden Fragen!

a) Warum schlug Sali dem Bauern Marti einen Stein auf den Kopf?

....

....

....

b) Was erzählten sich die Leute über diesen Unfall?

....

....

....

c) Welche Folgen hatte der Unfall für Martis Gesundheit?

....

....

....

d) Wie verhielt sich Vrenchen ihrem Vater gegenüber?

....

....

....

e) Warum wurde der Bauer in einem Hospiz untergebracht?

....

....

....

f) Wie reagierte Marti, als er in das Hospiz kam?

....

....

....

Die letzte Nacht in Vrenchens Haus

1. **Versetze dich in die Lage Salis! Schreib einen fiktiven Brief an sein geliebtes Vrenchen, in dem er über seine Gefühle für sie spricht, über ihre schwierige Lage und seine Hoffnungen!**

....

....

....

....

2. Erkläre die folgenden Ausdrücke!

a) sich elend fühlen: ....

....

b) sich sehnen nach: ....

....

c) in Gedanken versunken sein: ....

....

d) abgezehrt sein: ....

....

e) r Hehler: ....

....

Der Traum

1. Im folgenden Text fehlen die Verben. Setz sie in der richtigen Form ein!

a) „Morgen Abend .... ich aus dem Haus heraus und eine Unterkunft..................... !"

b) „Aber wohin .... du .... ?", fragte Sali sie.

c) „Vorher .... ich aber mit dir ...., so wie in meinem Traum!"

d) „Ich ...., wo du ...., Vrenchen."

e) „Ich .... eine Uhr, die ich .... werde!"

f) Sie .... sich wehmütig und hoffnungsvoll und .... an den morgigen Tag.

g) „Morgen .... ich dir in Seldwyl ein Paar neue Schuhe!"

h) Sie .... sich und dann .... Sali weg.

Vorbereitungen

1. Beantworte folgende Fragen!

a) Welche Vorbereitungen traf Sali für den Sonntag?

....

....

....

b) Wie reagierte Salis Vater darauf, als sein Sohn sein Sonntagsgewand anzog?

....

....

....

c) Warum war Salis Mutter ein wenig wehmütig?

....

....

....

Die Schuhe

1. Vrenchen war schon fertig angezogen, als Sali sie abholte. Beschreib sie und verwende dabei folgende Adjektive:

wunderschön – schlank – ordentlich – lieblich – kummervoll – glücklich – schneeweiß

....

....

....

....

....

2. **Du gehst mit deinem Freund/deiner Freundin tanzen. Wie ziehst du dich an?**

....

....

....

....

....

....

....

....

Hunderttausend Gulden

1. **Vrenchen „band der neugierigen Frau einen Bären auf". Sie erzählte ihr Dinge, die nicht stimmten. Fass kurz zusammen, was sie der Frau erzählte. Warum tat Vrenchen das deiner Meinung nach?**

....

....

....

....

....

....

....

....

....

....

Ein köstliches Frühstück

1. **Forme die folgenden Sätze ins Passiv um!**

a) Sali musste Vrenchen führen, als sie aus dem Haus gingen.

....
....
....

b) Die Wirtin brachte ihnen einen Korb mit frischen Brötchen.

....
....
....
....

c) Sie brachte dem Paar den duftenden Kaffee.

....
....
....

d) Die Wirtin hielt das Paar für anständige Leute.

....
....
....

e) Die Wirtin bediente die zwei anständig.

....
....
....

f) Sali erleichterte Vrenchen die Entscheidung.

....
....
....

Blauer Himmel

1. Wie heißt das Gegenteil?

a) betreten ....

b) angenehm ....

c) den Kopf senken ....

d) erwachen ....

e) verlieren ....

f) stehen bleiben ....

Das Mittagsmahl

1. Finde passende Adjektive zu den Nomen!

a) s Wirtshaus: voll, gut besucht, ...

....

b) e Holzwand: ....

....

c) r Fenstervorhang: ....

....

d) r Blumenstrauß: ....

....

e) e Suppe: ....

....

f) r Berg: ....

....

g) r Mund: ....

....

h) e Braut: ....

....

Geschenke

1. Sali und Vrenchen schenkten sich beide etwas. Welche symbolische Bedeutung hatten die zwei Geschenke?

a) s Lebkuchenhaus: ....
....
....
....

b) s Herz: ....
....
....
....

Mitleid

1. Beantworte folgende Fragen!

a) Die neugierigen Leute beobachteten Sali und Vrenchen, als sie am Markt standen. Warum redeten sie über das Paar?

....
....
....
....

b) Wie fühlte sich Vrenchen, als sie es bemerkte?

....
....
....
....

c) Was war das Paradiesgärtlein?

....

....

....

....

d) Wer ging normalerweise dorthin tanzen?

....

....

....

Beim Tanz

1. Richtig oder falsch?

R   F

a) Der schwarze Geiger spielte seine Lieder im Paradiesgärtlein. ☐ ☐

b) Er war sehr unfreundlich zu Vrenchen und Sali. ☐ ☐

c) Sali und Vrenchen hatten plötzlich keine Lust mehr zu tanzen. ☐ ☐

d) Die Leute, die ohne Dach waren, blieben im Gasthof . ☐ ☐

e) Es waren viele komische Leute dabei. ☐ ☐

f) Als der Mond aufging, legten sich die Leute schlafen. ☐ ☐

g) Auch Sali und Vrenchen legten sich in eine Ecke. ☐ ☐

h) Die beiden Verliebten tanzten bis früh am Morgen und waren sehr glücklich. ☐ ☐

Zweifel über die Zukunft

1. Welche Ratschläge gibt der schwarze Geiger den Verliebten?

   ....
   ....
   ....
   ....
   ....
   ....
   ....
   ....
   ....

Viele Fragen und der Ausweg

1. Fasse die Auswirkungen des Streites der beiden Bauern zusammen. Warum konnten Sali und Vrenchen auf keine gemeinsame Zukunft hoffen?

   ....
   ....
   ....
   ....
   ....
   ....
   ....
   ....
   ....
   ....

INHALT

• START LEKTÜREN • IN FARBE 🎧 •

Gaber	ZAZAR
Heizer	ROBIN HOOD
Laviat	NESSY DAS MONSTER
Plank	EINE GEISTERGESCHICHTE
Prantl	DRACULA
Schneider	PETER DER BRONTOSAURIER

• ERSTE LEKTÜREN •

Beaumont	DIE SCHÖNE UND DAS BIEST
Beier	DIE KÖNIGIN MORGANA
Beitat	DIE ZWERGE IM WALD
Beitat	DER KOMMISSAR
Beitat	HERKULES
Dumas	DIE DREI MUSKETIERE
Grimm	ASCHENPUTTEL
Grimm	HÄNSEL UND GRETEL
Hohenberger	SPIEL mit GRAMMATIK und WORTSCHATZ
Koller	DRACULAS FRAU
Laviat	SPIEL MIT DEUTSCHEN Wörtern
	GRAMMATIK, WORTSCHATZ und LANDESKUNDE
Müller	BARBAROSSA
Müller	DER WEIHNACHTSMANN
Roth	SVEN, DER WIKINGER
Schiller	WILHELM TELL
Schmid	DER GEIST MURFI
Schmidt	GRUSELS HAUS
Schön	DER UNFALL
Schön	FINDE DAS GOLD!
Spyri	HEIDI
Stoker	DRACULA
Wagner	DIE MASKE
Wallace	BEN HUR
Wallace	KING KONG
Wieser	DER PIRAT SCHWARZBART

• SEHR EINFACHE LEKTÜREN •

Ambler	TOPKAPI
Belan	DAS VERHEXTE HAUS
Bell	DER VAMPIR
Bell	HALLOWEEN
Berger	FRIEDRICH I.
Dal	MEUTEREI AUF DER BOUNTY
I. Doyle	DIE MUMIE
A. Doyle	SHERLOCK HOLMES
Grem	ATTILA DER HUNNENKÖNIG
Hohenberger	SPIEL mit GRAMMATIK und WORTSCHATZ
Hohenberger	DIE WALKÜRE
Krause	FRANKENSTEIN GEGEN DRACULA
Laviat	DIE FLUCHT AUS ALCATRAZ
Laviat	SPIEL MIT DEUTSCHEN Wörtern
	GRAMMATIK, WORTSCHATZ und LANDESKUNDE
Paulsen	ALBTRAUM IM ORIENT EXPRESS
Pichler	BONNIE UND CLYDE
Pichler	DER HAI
Pichler	TITANIC
Plank	FLUCHT AUS AUSCHWITZ
Schön	DAS MONSTER VON GALAPAGOS
Schön	DAS SCHIFF DER WIKINGER
See	WO IST DIE ARCHE NOAH?
See	DIE SCHATZSUCHE
Stevenson	DR. JEKILL UND MR. HYDE
Straßburg	TRISTAN UND ISOLDE

• VEREINFACHTE LESESTÜCKE •

Beitat	DAS AUGE DES DETEKTIVS
Beitat	DIE GESCHICHTE VON ANNE FRANK
Beitat	GESPENSTERGESCHICHTEN
Beitat	SIEGFRIED HELD DER NIBELUNGEN
Beitat	TILL EULENSPIEGEL
Berger	IN DER HAND SCHINDLERS
Brant	DAS NARRENSCHIFF
Brentano	RHEINMÄRCHEN
Busch	MAX UND MORITZ
Gaber	DAS MONSTER VON BERLIN
Goethe	FAUST
Grimmelshausen	SIMPLICIUS SIMPLICISSIMUS
Grund	DIE MUMIE
Grund	DRACULAS ZÄHNE
Heider	VERSCHWUNDEN IN OST-BERLIN
Herrig	DIE PRINZESSIN SISSI
Hoffmann	STRUWWELPETER

Hohenberger	SPIEL mit GRAMMATIK und WORTSCHATZ
Kopetzky	DAS BERMUDADREIECK
Laviat	DER ABSTURZ ÜBER DEN ANDEN
Laviat	SPIEL MIT DEUTSCHEN Wörtern
	GRAMMATIK, WORTSCHATZ und LANDESKUNDE
May	WINNETOU
Prantl	PEARL HARBOR
Raspe	BARON MÜNCHHAUSEN
Raupl	ROMMEL DER WÜSTENFUCHS
See	FLUCHT AUS SING-SING
Shelley	FRANKENSTEIN
Schneider	DIE SCHLACHT VON STALINGRAD
Schneider	EXODUS

• LEKTÜREN OHNE GRENZEN •

Bürger	DIE SCHLACHT UM ENGLAND
Esterl	HALLOWEEN
Fontane	EFFI BRIEST
Hassler	AMISTAD
Eschenbach	PARZIVAL
Hoffmann	DIE ELIXIERE DES TEUFELS
Hohenberger	SPIEL mit GRAMMATIK und WORTSCHATZ
Kafka	DAS SCHLOSS
Kafka	DER PROZESS
Keller	ROMEO UND JULIA AUF DEM LANDE
Laviat	BEN HUR
Laviat	SPIEL MIT DEUTSCHEN Wörtern
	GRAMMATIK, WORTSCHATZ und LANDESKUNDE
Laviat	TIROLER SAGEN
Meyrink	DER GOLEM
Wagner	DER RING DES NIBELUNGEN

• VERBESSERE DEIN DEUTSCH •

Büchner	LEONCE UND LENA
Canetti	DIE BLENDUNG
Chamisso	PETER SCHLEMIHLS...
Eichendorff	Aus dem LEBEN eines TAUGENICHTS
Ende	MOMO
Goethe	DAS MÄRCHEN
Goethe	DIE LEIDEN DES JUNGEN WERTHER
Grimm	AUSGEWÄHLTE MÄRCHEN
Grimm	DEUTSCHE SAGEN
Hauff	ZWERG NASE
Hoffmann	DER GOLDENE TOPF
Hoffmann	SPIELERGLÜCK
Kafka	DIE VERWANDLUNG
Kafka	IN DER STRAFKOLONIE
Keller	DIE DREI GERECHTEN KAMMACHER
Lessing	FABELN UND ERZÄHLUNGEN
Lorenz	SALOMOS RING
Musil	DIE VERWIRRUNGEN DES ZÖGLINGS TÖRLES
Rilke	DIE LETZTEN
Schiller	WILHELM TELL
Schnitzler	DIE TOTEN SCHWEIGEN
Storm	IMMENSEE
Tieck	DER BLONDE ECKBERT...
Wedekind	DAS OPFERLAMM

• TASCHENBÜCHER •

Böll	DAS BROT DER FRÜHEN JAHRE
Gotthelf	DIE SCHWARZE SPINNE
Heyse	L'ARRABBIATA...
Hoffmann	MÄRCHEN
Kleist	DIE MARQUISE VON O...
Lessing	EMILIA GALOTTI
Lessing	NATHAN DER WEISE
Mann	DER TOD IN VENEDIG
Roth	HIOB
Stifter	BERGKRISTALL

© 2004 *La Spiga languages* • DRUCK IN ITALIEN **TECHNO MEDIA REFERENCE** • MAILAND
VERTRIEB **MEDIALIBRI** • VIA IDRO 38, 20132 MAILAND • ITALIEN • TEL. 02 27207255 • FAX 02 2567179